ADOLPHE JOANNE

GÉOGRAPHIE

DES

DEUX-SÈVRES

11 gravures et une carte

HACHETTE ET Cⁱᵉ

GÉOGRAPHIE

DU DÉPARTEMENT

DES

DEUX-SÈVRES

AVEC UNE CARTE COLORIÉE ET 11 GRAVURES

PAR

ADOLPHE JOANNE

AUTEUR DU DICTIONNAIRE GÉOGRAPHIQUE ET DE L'ITINÉRAIRE
GÉNÉRAL DE LA FRANCE

TROISIÈME ÉDITION

PARIS
LIBRAIRIE HACHETTE ET CIE
79, BOULEVARD SAINT-GERMAIN, 79

1885

Droits de traduction et de reproduction réservés

TABLE DES MATIÈRES

DÉPARTEMENT DES DEUX-SÈVRES

I	1	Nom, formation, situation, limites, superficie.	1
II	2	Physionomie générale.	2
III	3	Cours d'eau.	6
IV	4	Climat.	14
V	5	Curiosités naturelles.	15
VI	6	Histoire.	16
VII	7	Personnages célèbres.	27
VIII	8	Population, langue, culte, instruction publique.	28
IX	9	Divisions administratives.	29
X	10	Agriculture, productions.	32
XI	11	Industrie, produits minéraux.	34
XII	12	Commerce, chemins de fer, routes.	36
XIII	13	Dictionnaire des communes.	38

LISTE DES GRAVURES

1	Saint-Maixent.	17
2	Niort.	19
3	Melle.	21
4	Bressuire.	23
5	Pourparlers avant la bataille de Moncontour	25
6	Château du Coudray-Salbart.	41
7	Donjon de Niort.	43
8	Ancien hôtel de ville de Niort.	45
9	Église Notre-Dame, à Niort.	47
10	Porte Saint-Jacques, à Parthenay.	49
11	Sainte-Chapelle et château de Thouars.	51

Typographie A. Lahure, rue de Fleurus, 9, à Paris.

DÉPARTEMENT
DES
DEUX-SÈVRES

I

Nom, formation, situation, limites, superficie.

Le département des Deux-Sèvres doit son *nom* à deux de ses principaux cours d'eaux, tous deux nommés Sèvre : l'un, la Sèvre Niortaise, traverse Niort, le chef-lieu du département, et va se jeter, à l'ouest, dans la mer, tandis que l'autre, la Sèvre Nantaise, se dirige, au nord, vers la Loire, à laquelle elle se réunit à Nantes.

Il a été *formé*, en 1790, de territoires appartenant à trois des trente-deux gouvernements ou provinces qui constituaient alors la France. Les neuf dixièmes de sa superficie occupent le quart de l'ancien **Poitou** (Thouarsais, Gatine et Niortais); le reste appartenait en majeure partie à la **Saintonge** (Basse-Saintonge et Angoumois), et pour une très-minime partie à l'*Aunis*.

Le département des Deux-Sèvres est *situé* dans la région occidentale de la France : un seul département, la Vendée ou la Charente-Inférieure, le sépare de l'Océan Atlantique; un seul aussi, la Vienne, le sépare de la Haute-Vienne ou de l'Indre, qui font partie de la France centrale. Niort, son chef-lieu, est à 410 kilomètres au sud-ouest de Paris, par le chemin de fer, à

550 seulement, en ligne droite. Le département est compris entre 2°7' et 3°17' de longitude occidentale, et entre 45°40' et 47°20' de latitude ; soit 2°42' de longitude moyenne et 46°30' de latitude moyenne : le centre du département se trouve donc, à 1° 1/2 près, à égale distance du pôle et de l'équateur.

Le département des Deux-Sèvres est *borné* : au nord, par le département de Maine-et-Loire ; à l'est, par celui de la Vienne ; au sud-est, par celui de la Charente ; au sud, par celui de la Charente-Inférieure ; à l'ouest, par celui de la Vendée. En général, ses limites sont artificielles ; en d'autres termes, elles ne sont formées ni par la mer, ni par des montagnes, ni par des rivières. Il n'est, en effet, séparé des départements voisins que sur d'assez courts trajets, qui n'excèdent pas chacun une quinzaine de kilomètres, par des ruisseaux ou par des rivières, savoir : au nord, la Louère, sur la limite de Maine-et-Loire ; à l'ouest, la Sèvre Nantaise, sur la limite de la Vendée ; au sud-ouest, le Mignon, sur celle de la Charente-Inférieure ; enfin à l'est, la Dive du Nord, qui coule, à deux reprises, entre l'arrondissement de Bressuire et celui de Loudun (Vienne).

Sa *superficie* est de 599,988 hectares. Sous ce rapport, le département des Deux-Sèvres est le 45ᵉ de la France ; c'est-à-dire, 44 seulement sont plus étendus. Sa plus grande *longueur* — du nord au sud — est de 125 kilomètres environ ; sa *largeur* — de l'est à l'ouest — varie entre 45 et 68 kilomètres ; enfin, son *pourtour* est de 425 kilomètres, en ne tenant pas compte des sinuosités secondaires.

II

Physionomie générale.

Le département des Deux-Sèvres n'est point un pays montagneux. Il a pour point culminant le Terrier de Saint-Martin-du-Fouilloux, dont l'élévation est de 272 mètres seulement au-dessus du niveau de la mer. Cette colline est environ trois fois et demi plus haute au-dessus de l'Océan que le clocher de Notre-Dame de Niort, le monument le plus haut du département l'est au-dessus du sol (75 mètres) ; mais, en revanche, elle est près de dix-huit fois moins haute que le Mont-Blanc (4,810 mètres), la montagne la plus élevée de la France et de l'Europe entière.

Un second sommet, moins élevé (259 mètres), se trouve près de l'Absie, à 25 kilomètres à l'ouest de Parthenay et à 4 kilomètres de la Vendée. Il présente un grand intérêt au point de vue hydrographique, car il s'élève au-dessus d'un petit plateau sur lequel prennent naissance : d'une part, le Thouet et la Sèvre Nantaise, affluents de la Loire ; d'autre part, l'Autise et la Vendée, affluents de la Sèvre Niortaise.

Le Terrier de Saint-Martin-du-Fouilloux s'élève dans l'arrondissement de Parthenay, à 10 kilomètres environ au sud-est de cette ville, à peu près à 13 kilomètres du département de la Vienne. Quant au point le plus bas du territoire des Deux-Sèvres, il se trouve à l'endroit où la Sèvre Niortaise quitte le département, à environ 20 kilomètres à l'ouest de Niort à vol d'oiseau. Ce point n'est guère qu'à un peu plus de 3 mètres au-dessus du niveau des mers. Il faudrait donc élever en ce lieu une tour trois fois et demie plus haute que la flèche de l'église de Niort, pour que son sommet fût aussi élevé que celui du Terrier de Saint-Martin-du-Fouilloux.

Le département des Deux-Sèvres se partage nettement en trois régions diverses de nature et d'aspect : la Gatine, la Plaine et le Marais. Ce dernier n'occupe qu'une surface peu importante le long de la Sèvre Niortaise, à l'ouest de Niort ; la Plaine s'étend sur le sud du département ; la Gatine, sur tout le nord et tout le centre.

La **Gatine** est la continuation, dans le département des Deux-Sèvres, du *Bocage* de la Vendée et de Maine-et-Loire. Elle forme presque entièrement les deux arrondissements de Bressuire et de Parthenay et une petite partie de celui de Niort, c'est-à-dire la moitié du territoire. C'est une région de collines d'élévation moyenne, de plateaux peu fertiles, de bois, d'étangs, de vallons étroits, quelquefois profonds, où coulent des ruisseaux limpides. Contrée assez pauvre, en somme, comme le sont en France d'autres pays également connus sous le nom de Gatine ou de Gatinais, elle a été en partie le théâtre de la lutte terrible appelée assez improprement la Guerre de Vendée, puisqu'elle s'est étendue sur un espace beaucoup plus vaste que le Bocage vendéen ou le département de la Vendée tout entier, et même jusqu'au nord de la Loire. Ses forêts, ses bouquets d'arbres, ses haies, ses chemins creux, ses vallons tortueux, encaissés entre de sombres rochers de schiste ou de granit, faisaient de cette région, alors presque dépourvue de routes, un pays éminemment favorable à la petite guerre d'embûches et de surprises.

Les bassins du Thouet et de la Sèvre Nantaise, affluents de la Loire, appartiennent à la Gatine; mais celui de la Sèvre Niortaise appartient presque entièrement à la Plaine et au Marais.

La **Plaine** comprend l'arrondissement de Melle et la plus grande partie de celui de Niort. Elle présente, comme son nom l'indique, une vaste surface généralement plane ou plutôt légèrement ondulée, coupée en un grand nombre de points par des ravins assez profonds. Les uns sont absolument secs, les autres forment des vallons où les cours d'eau serpentent au milieu de riches prairies. Cette région, qui s'appuie, du côté de l'Océan, au Marais, à une altitude de 8 mètres, s'élève graduellement en pente douce vers la limite de la Vienne et de la Charente, où son altitude atteint 150 et même 160 mètres. Ses deux versants appartiennent, l'un, au bassin de la Sèvre Niortaise, l'autre, au bassin secondaire de la Boutonne, affluent de la Charente. Les haies et les arbres, sauf dans les vallons, sont généralement rares; aussi la vue s'étend-elle au loin sur de vastes surfaces cultivées en céréales, en plantes industrielles et en prairies artificielles. C'est une contrée très-riche, mais d'un aspect assez triste à la fin de l'été, lorsque le sol calcaire, dépouillé de ses opulentes moissons, est brûlé par les rayons du soleil. Cette monotonie est cependant rompue au sud-ouest, où l'on rencontre, dans la partie appartenant autrefois à la Saintonge, des coteaux chargés de vignes, au milieu desquelles s'élèvent quelques bouquets d'arbres; au sud de Niort, par la forêt de Chizé; au sud-est, du côté de la Vienne, par la forêt de l'Hermitain et les bois qui l'avoisinent. Sur les plateaux, l'eau est rare et les puits très-profonds. Les vallons sont, au contraire, riches en sources d'eau limpide, très-nombreuses surtout dans la partie supérieure du bassin de la Sèvre Niortaise.

Le **Marais**, visible des hauteurs qui avoisinent Niort, ne forme, dans les cantons de Niort et de Mauzé, le long de la Sèvre et du Mignon, qu'une très-faible partie de l'immense étendue des marais du Poitou et de la Saintonge, occupant le sud-ouest du territoire de la Vendée et la partie occidentale de la Charente-Inférieure. C'était autrefois, comme l'indique son nom, une région marécageuse, noyée et malsaine. Le sol argileux était couvert d'une épaisse couche de fausse tourbe, détritus de végétaux aquatiques, qui s'étaient décomposés à sa surface depuis des milliers d'années. A partir de la fin du seizième siècle, des Hollandais d'abord, appelés par Henri IV, puis des corporations religieuses ou des associations laïques, endiguèrent la majeure partie de ces terrains qui furent livrés à la culture. Ils constituent aujourd'hui les marais desséchés. Le reste, après avoir été laissé, jusqu'aux premières années de ce siècle, dans son état primitif, a été assaini à son tour et rendu à la culture, par un aménagement rationnel des eaux, et forme ce que l'on nomme les marais mouillés. Le sol a été découpé, comme un damier, par des milliers de canaux et de fossés, donnant ainsi un rapide écoulement aux eaux qui, à la suite des crues, submergent les terres, mais n'y séjournent généralement que peu de temps. Le long des canaux et des fossés, s'élèvent des peupliers vigoureux et des frênes exploités en têtarts. La terre, fécondée par les inondations comme celle d'Égypte, produit en abondance des céréales, du chanvre et des fourrages. Comme à Venise, toutes les communications se font par eau; chaque habitant a son bateau et les canaux y tiennent lieu de routes, les fossés de chemins et de sentiers. Pendant l'hiver, le Marais est peuplé de gibier d'eau de toute sorte, et, lorsqu'on y voit apparaître les goëlands, c'est un signe certain de mauvais temps en mer.

Ces trois régions, si nettement caractérisées, correspondent chacune à une formation géologique différente. La Gatine, aux terrains primitifs (granite et schistes), a des terres froides, peu fertiles, exigeant, pour produire, l'emploi de la chaux. La Plaine, aux terrains secondaires (calcaire oolithique ou pierre blanche), est essentiellement propre à la culture du blé. Le Marais, aux terrains tertiaires ou récents (alluvions argileuses anciennes et modernes), offre des terres fortes, très-fertiles, lorsqu'elles sont soustraites au séjour prolongé des eaux à leur surface.

III

Cours d'eau.

Les principaux cours d'eau du département des Deux-Sèvres appartiennent aux trois bassins de la **Loire**, de la **Sèvre Niortaise** et de la **Charente**. Du bassin de la Loire dépend la majeure partie de la Gatine, à peu près la moitié du département. La Plaine presque entière et une petite portion de la Gatine forment le bassin de la Sèvre Niortaise. Le reste, au sud, appartient au bassin de la Charente. Le nombre total des cours d'eau du département est de 497, et leur développement, sans tenir compte des petites sinuosités, dépasse 2,800 kilomètres. Sauf la Dive du Nord, tous les cours d'eau qui le sillonnent prennent naissance sur son territoire.

La **Loire** ne touche point le territoire des Deux-Sèvres, et, au point de son cours où elle se rapproche le plus de ce département, vers Saumur, elle en est encore éloignée de près de 20 kilomètres, à vol d'oiseau.

La Loire est le plus long cours d'eau de la France (1,100 kilomètres), si l'on considère le Rhin comme un fleuve purement allemand. Il y a, en Europe, douze ou treize fleuves dont le cours est plus long, mais dix seulement ont un bassin plus étendu. En effet, celui de la Loire comprend en tout onze à douze millions d'hectares, plus du cinquième et moins du quart de la France; mais, dans cette vaste surface, le fleuve ne recueille pas, en moyenne, une masse d'eau proportionnelle à l'étendue des régions qu'il arrose : si ses crues sont terribles, son débit minimum est extrêmement faible.

La Loire naît dans le département de l'Ardèche, à moins de 150 kilomètres de la mer Méditerranée, sur le flanc du Gerbier de Jonc, ancien volcan de 1,562 mètres d'altitude. De sa source à son embouchure, elle traverse ou borde onze départements : l'Ardèche, la Haute-Loire, la Loire, l'Allier, Saône-et-Loire, la Nièvre, le Loiret, Loir-et-Cher, Indre-et-Loire, Maine-et-Loire et la Loire-Inférieure.

Elle coule d'abord vers le nord-ouest, comme pour aller se réunir à la Seine, puis, au-dessus d'Orléans, elle tourne à l'ouest pour gagner l'Atlantique.

La Loire passe : à 4 kilomètres du Puy-en-Velay, chef-lieu du département de la Haute-Loire; à 10 kilomètres de Saint-Étienne, chef-lieu du département de la Loire, peuplé de plus de 100,000 habitants; à Roanne, à Nevers, à Orléans, à Blois, à Tours, à Saumur et près d'Angers ; elle traverse enfin Nantes, ville importante comme Saint-Étienne, comptant plus de 100,000 âmes, devient un large estuaire, soumis à l'action de la marée, et débouche dans l'Océan Atlantique devant le port florissant de Saint-Nazaire.

A l'étiage extrême, c'est-à-dire quand il n'a pas plu depuis longtemps et que les eaux sont excessivement basses, la Loire ne débite que 24 mètres cubes (24,000 litres) d'eau par seconde devant Orléans, et 50 ou 60 à Nantes, quand elle a reçu tous ses affluents, dont les principaux sont : l'Allier, le Cher, l'Indre, la Vienne et la Maine. Quant au volume des grandes crues, il est de plus de 7,000 mètres cubes par seconde devant Roanne, et de 10,000 à 12,000 devant Orléans et Tours. Il y a une telle disproportion entre l'étiage et les crues du fleuve, qu'à Roanne ses inondations sont *mille quarante fois* plus fortes que son débit minimum ; à Orléans, elles le sont *cinq cents fois*.

La Loire reçoit du département des Deux-Sèvres les affluents du Clain, par la Vienne, le Thouet et la Sèvre Nantaise.

Le **Clain** (125 kilomètres), qui ne touche pas le département des Deux-Sèvres, dont toutefois il se rapproche beaucoup, naît dans le département de la Charente, contourne la colline de Poitiers, chef-lieu du département de la Vienne, et tombe, au-dessus de Châtellerault, dans la Vienne, qui est un des principaux tributaires de la Loire. Quatre de ses affluents, la Dive du Sud, la Vonne, la Boivre, l'Auzance, ont leurs sources dans les Deux-Sèvres.

La *Dive du Sud*, qu'il ne faut pas confondre avec la Dive du Nord, affluent du Thouet, arrose les plateaux du canton de Lezay : elle disparaît en partie sous terre dans les prairies de Brimbareau et les gouffres de Brochard et des Éclusettes, reparaît au pied du château de Brejeville, et, passant dans le département de la Vienne, reçoit le ruisseau du Pied de l'Anse, venu des belles fontaines de Benasse, puis se jette dans le Clain à Voulon. Son cours total est de 35 kilomètres, dont environ les trois cinquièmes dans les Deux-Sèvres.

La *Vonne* prend sa source dans la Gatine, baigne Ménigoute, après avoir reçu la *Valouse*, entre dans le département de la Vienne, y côtoie la colline de Lusignan et se mêle au Clain devant Vivonne, après un cours très-sinueux dans une vallée encaissée et pittoresque. Sur un peu plus de 50 kilomètres, la Vonne en a environ les deux cinquièmes dans les Deux-Sèvres.

La *Boivre* n'a dans le département des Deux-Sèvres que sa source ; à peine née, elle passe dans celui de la Vienne. Longue d'environ 35 kilomètres, elle coule dans un vallon profond, sinueux, très-pittoresque, et se réunit au Clain en aval de Poitiers, après avoir baigné le pied du coteau qui porte la ville.

L'*Auzance*, dont le cours atteint presque 50 kilomètres, prend naissance au pied du Terrier de Saint-Martin-du-Fouilloux, point culminant du département. La *Vandeloigne*, son principal affluent, descend du même massif. Ces deux cours d'eau pénètrent bientôt dans le département de la Vienne, où ils se réunissent avant d'arriver à Vouillé. Après avoir quitté cette ville, l'Auzance va se jeter dans le Clain, à 5 kilomètres en aval de Poitiers.

Le **Thouet**, affluent direct de la Loire, est une rivière assez considérable, qui a la plus grande partie de son cours dans le département des Deux-Sèvres, un peu plus de 100 kilomètres sur environ 135. Il prend sa source à moins d'un kilomètre de celle de la Sèvre Nantaise, dans un massif de coteaux boisés appartenant à la Gatine et s'élevant à des altitudes de 200-250 mètres : il passe à Secondigny, serpente au pied de la colline qui porte Parthenay, chef-lieu d'arrondissement, puis, cessant de couler vers l'est, comme s'il allait rejoindre le Clain, tourne directement vers le nord. Il arrose ensuite les vallons de Saint-Loup et d'Airvault, et, contournant le coteau escarpé, couronné par la ville pittoresque de Thouars, qui le domine d'environ 45 mètres, passe sous un pont suspendu, élevé de 27 mètres, d'une seule travée, longue de 80 mètres, et sous l'élégant et hardi viaduc du chemin de fer de la Vendée. Au confluent de l'Argenton, le Thouet commence à toucher le département de Maine-et-Loire, puis il y pénètre définitivement pour côtoyer la colline de Montreuil-Bellay, passer dans un faubourg de Saumur et tomber dans la Loire, sur sa rive gauche, à 4 kilomètres au-dessous de cette ville. Sur environ 24 kilomètres, de Montreuil-Bellay à la Loire, cette rivière porte des bateaux d'une charge de 35 à 50 tonneaux. Elle reçoit, entre autres affluents, la Viette, le Cébron, le Thouaret, l'Argenton et la Dive du Nord.

La *Viette*, ruisseau peu important de la rive droite, tombe dans le Thouet, au pied de Parthenay-le-Vieux, à une petite distance en amont de Parthenay.

Le *Cébron*, sur la rive gauche, très-faible aussi, a près de 30 kilomètres de cours. Il se jette dans le Thouet à Saint-Loup.

Le *Thouaret*, plus important et plus long d'un tiers que le Cébron, naît sur le plateau, dont l'altitude dépasse 200 mètres, qui s'étend au sud de Bressuire : il traverse un chef-lieu de canton, Saint-Varent, et se mêle au Thouet entre Airvault et Thouars, plus près de cette dernière ville que de la première.

L'*Argenton*, qui a plus de 70 kilomètres de longueur, est formé par l'*Argent* et par le *Ton*, qui, sous le nom de *Dolo* ou d'*Iré*, coule au pied de la pente sur laquelle s'élève la ville de Bressuire, chef-lieu d'arrondissement ; il passe à Argenton-Château, où il se grossit de l'*Ouère*, et tombe dans le Thouet à 7 kilomètres en amont de Montreuil-Bellay.

La **Dive du Nord**, ou *Dive Mirebalaise*, bien plus importante à elle seule que tous les autres tributaires du Thouet réunis, est une jolie rivière d'un cours de près de 80 kilomètres. Elle vient du département de la Vienne, reçoit un apport considérable de sources remarquablement abondantes, qui l'alimentent même en été et qui sont formées par les eaux absorbées sur des plateaux calcaires voisins. Au-dessous de Moncontour, elle commence à border le département des Deux-Sèvres, auquel elle n'appartient nulle part par ses deux rives. La Dive du Nord s'unit au Thouet, rive droite, entre Montreuil et Saumur. Sa vallée est généralement marécageuse. Canalisée à partir de Pas-de-Jeu, bourgade située à peu près sous la latitude de Thouars, cette rivière porte des bateaux de 35 à 50 tonneaux.

La **Sèvre Nantaise** est plus longue que le Thouet, puisque son cours est de 140 kilomètres, mais elle porte une moins grande quantité d'eau à la Loire. Née dans un étang peu éloigné de la première fontaine du Thouet, à 5 ou 6 kilomètres à l'ouest de Secondigny, elle se dirige constamment vers le nord-ouest, par une vallée sinueuse, profonde, bordée de talus escarpés ou de sombres roches de granit. Elle ne touche à aucune ville importante dans les Deux-Sèvres, et laisse à droite trois chefs-lieux de canton, Moncoutant, Cerizay, Châtillon : ce dernier, nommé Châtillon-sur-Sèvre, bien qu'il se trouve à près de 8 kilomètres de la rivière, sur l'*Ouin*, le seul affluent notable de la Sèvre dans le département [1]. En quittant les Deux-Sèvres, elle lui sert de limite du côté du département de la Vendée, puis, coupant ce dernier sur une faible longueur, elle le sépare à son tour, d'abord du département de Maine-et-Loire, puis de celui de la Loire-Inférieure, dans lequel elle pénètre par la pittoresque vallée de Clisson, après avoir reçu la Moine, venue de Cholet. Portant bateaux de 50 à 80 tonneaux sur ses 21 derniers kilomètres, elle arrive à Nantes par la rive gauche, et se jette dans un bras de la Loire, à l'extrémité des Ponts Pirmil.

Le bassin de la **Sèvre Niortaise** comprend l'arrondissement de Niort et une très-petite portion de ceux de Melle et de Parthenay. Ce petit fleuve est formé, à son origine, par les eaux de deux fontaines, la Fontbedoire et la Fomblanche, qui jaillissent, à l'altitude de 150 mètres, des flancs du petit plateau de Seporet, élevé lui-même de 150 mètres au-dessus du niveau de la mer. Ces sources sont situées à peu près au centre d'un triangle ayant pour sommets Melle, Lezay et la Mothe-Saint-Héraye. Coulant sur un sol calcaire disloqué, la Sèvre, en été du moins, se perd à Brieuil, pour reparaître bientôt dans une prairie et se grossir de la grande source d'Exoudun, qui émerge dans le lit même de la rivière.

En aval de la Mothe-Saint-Héraye, la Sèvre se double à son confluent avec le *Pamproux*, claire rivière qui doit ses eaux, abondantes en toute saison, aux fortes sources de Pamproux et de Fontgrive, puis elle serpente dans les prairies de Saint-Maixent, pour arriver dans un vallon étroit, sinueux, souvent pittoresque, où elle reçoit le *Chambon* ou *Liguaire* (35 kilo-

---

[1] Si l'on avait appelé cette ville Châtillon-sur-l'Ouin, on aurait pu la confondre avec Châtillon-sur-Loing (Loiret).

mètres) et l'*Égrée* (25 kilomètres), qui passe au pied de Champdeniers, chef-lieu de canton.

En amont de Niort, elle trouve le *Lambon*, long affluent de 40 kilomètres, dont le lit perd ses eaux à Vouillé, d'où, par une voie souterraine, elles viennent former la belle et abondante source du Vivier, utilisée pour l'alimentation hydraulique de la ville. Puis, serrant de près, par sa rive gauche, l'escarpement du coteau sur lequel s'élève le chef-lieu des Deux-Sèvres, elle serpente dans sa vallée élargie, pour gagner le Marais, où elle reçoit, avant de sortir du département, la *Guirande*, qui passe à Prahecq, chef-lieu de canton.

La Sèvre Niortaise se perd, à quelques kilomètres au-dessous de Marans, dans l'anse de l'Aiguillon, baie vaseuse de l'Océan Atlantique, en face de l'île de Ré. Comme elle est fort sinueuse, elle n'a pas moins de 165 kilomètres de développement, quoiqu'il n'y ait guère en ligne droite que 80 kilomètres de sa source à son embouchure. Le débit moyen de ce petit fleuve est assez fort, grâce aux sources considérables de son bassin; son étiage, c'est-à-dire son débit en très-basses eaux, est faible : à peine un peu plus d'un mètre cube ou de 1,000 litres par seconde; son volume de crue est de 200 mètres cubes par seconde. Il est navigable, à partir de Niort, pour les bateaux calant jusqu'à cent tonnes ; les navires de 250 tonnes ne remontent que jusqu'à Marans.

Outre les affluents dont il vient d'être question, le département des Deux-Sèvres possède le cours supérieur de deux affluents de la Sèvre Niortaise, le Mignon et l'Autise, et la source d'un troisième tributaire, qui est la Vendée.

Le *Mignon*, qui a 40 kilomètres de développement, passe à Mauzé, puis entre dans le Marais de la Charente-Inférieure, qu'il traverse en formant un canal navigable, d'un tirant d'eau de 1^m,60. C'est un affluent de gauche.

L'*Autise*, longue de près de 60 kilomètres, sort des collines, hautes d'un peu plus de 200 mètres, qui s'élèvent à l'ouest du bourg de Mazières. Après un cours d'un peu plus de 30 kilomètres, pendant lequel elle a passé, non pas à Coulonges-sur-l'Autise, comme le nom le ferait supposer, mais à 5 kilomètres au sud de ce chef-lieu de canton, cette rivière entre dans le département de la Vendée, où elle gagne la Sèvre, rive droite, au milieu des marais de Maillezais, dans un lit rectifié et canalisé sur 10 kilomètres de longueur.

La *Vendée*, qui donne son nom à un département, est une rivière sans grande importance, bien que ce soit le plus long et le plus important des tributaires de la Sèvre Niortaise. Sur 75 kilomètres, elle n'en a guère que quatre ou cinq dans les Deux-Sèvres, soit qu'elle lui appartienne entièrement, soit qu'elle le sépare du département de la Vendée.

Elle y a son origine dans le massif de collines de l'Absie (259 mètres). Dans le département auquel elle a donné son nom, elle baigne Fontenay-le-Comte, chef-lieu d'arrondissement, où elle devient navigable, et elle se jette dans la Sèvre au-dessus de Marans. C'est un tributaire de droite.

La **Charente**, qui ne touche point au département, est un fleuve beaucoup plus important que la Sèvre Niortaise, bien qu'elle ne soit pas comparable aux quatre grands fleuves français, qui sont : la Seine, la Loire, la Gironde et le Rhône.

Comme la Sèvre Niortaise, elle est tellement sinueuse que son cours dépasse 550 kilomètres, pour une distance de moins de 150 kilomètres en ligne droite entre sa source et son embouchure. Elle naît dans le département de la Haute-Vienne, au milieu de collines boisées qui n'ont guère que 300 mètres d'altitude; elle traverse les départements de la Vienne, de la Charente et de la Charente-Inférieure, baigne Angoulême, Cognac, Saintes et Rochefort, et tombe dans la mer, en face de l'île d'Oléron. Ce fleuve est navigable à partir de Montignac ou plutôt d'Angoulême, mais la navigation n'a quelque importance qu'au-dessous du point jusqu'où reflue la marée, c'est-à-dire du confluent du Né, en aval de Cognac; les navires tirant $2^m,50$ remontent jusqu'à Saintes, ceux qui tirent 3 mètres, jusqu'à Taillebourg; plus bas, Tonnay-Charente reçoit des bâtiments de 600 tonneaux; enfin, à 20 kilomètres de son embouchure,

Rochefort, l'un des cinq ports militaires, admet les plus grands navires de guerre.

La Charente, sans parler de ruisseaux insignifiants des cantons de Sauzé-Vaussais et de Chef-Boutonne, a pour affluent important la Boutonne, rivière dont le bassin comprend une grande partie de l'arrondissement de Melle.

La **Boutonne** est une rivière longue de 100 kilomètres, dont les deux cinquièmes environ sont compris dans le département des Deux-Sèvres. Elle doit son origine à une source remarquablement abondante, celle de Chef-Boutonne, chef-lieu de canton dont le nom veut précisément dire tête, origine, de la Boutonne. Elle arrose dans le département un autre chef-lieu de canton, Brioux; dans la Charente-Inférieure, elle traverse un chef-lieu d'arrondissement, Saint-Jean-d'Angély, ville où elle devient navigable pour les bâtiments d'un faible tirant d'eau.

La Boutonne reçoit, sur le territoire des Deux-Sèvres, la Béronne et la Belle. La *Béronne*, qui n'a pas 30 kilomètres de cours, côtoie la colline couronnée par Melle, chef-lieu d'arrondissement. La *Belle*, à peu près de la même longueur que la Béronne, passe à Celles, chef-lieu de canton. Toutes deux sont des affluents de droite.

IV

Climat.

Le département des Deux-Sèvres ne renferme pas de montagnes, et l'on sait que moins un lieu est élevé au-dessus du niveau des mers, moins il est froid; d'autre part, il est situé à peu près à égale distance entre le pôle et l'équateur, c'est-à-dire sous une latitude essentiellement tempérée; enfin, il est peu éloigné de l'Océan, dont le voisinage a toujours pour effet d'adoucir la température de l'hiver. Ainsi tout concourt à donner au département des Deux-Sèvres un climat doux et assez agréable, quoique humide et assez souvent troublé par des vents violents.

Le climat des Deux-Sèvres est le *climat girondin*, l'un des sept climats, soit continentaux, soit maritimes, entre lesquels on partage ordinairement la France. Ce climat est ainsi nommé parce qu'il règne dans le bassin de la Gironde, par exemple à Bordeaux, mais il s'étend aussi sur les bassins de la Charente et de la Sèvre Niortaise, et même jusqu'à la large vallée qu'arrose la Loire.

La nature du sol influant beaucoup sur le climat, la partie du département qu'on appelle Gatine est plus froide que la Plaine et le Marais. Le Marais, par sa constitution même, est plus humide, mais plus tempéré que les deux autres régions; la Plaine, étant de nature calcaire, est plus chaude que la Gatine, dont le sous-sol est imperméable : aussi, dans cette dernière contrée, qui, d'ailleurs, est au nord des deux autres, les hivers sont-ils plus froids et plus longs que dans le reste du département.

Niort a une température moyenne d'environ 12 degrés. Cette ville, il est vrai, se trouve dans le midi du département, hors de la Gatine, entre la Plaine et le Marais.

Si toute l'eau tombée du ciel pendant l'année restait sur le sol, sans être absorbée par lui ou évaporée par le soleil, elle formerait, dans les douze mois, une nappe d'eau de 630 millimètres d'épaisseur, à Niort.

V

Curiosités naturelles.

Le département des Deux-Sèvres, n'étant ni un département maritime, ni un département montagneux, ne possède aucune de ces grandes curiosités naturelles qu'on trouve dans les hautes chaînes et sur certains rivages de l'Océan : glaciers, grandes cascades, rochers grandioses. Mais on y rencontre un grand nombre de paysages gracieux, de vallons charmants, de sources abondantes.

VI

Histoire.

De nombreux vestiges attestent que le territoire formant aujourd'hui le département des Deux-Sèvres fut habité dès l'âge de la pierre. La Gatine était alors couverte de forêts impénétrables, alternant avec de vastes landes de bruyères et d'ajoncs. Dans la Plaine, au contraire, les forêts et les bois étaient plus rares. Les plateaux incultes étaient d'immenses steppes ne produisant qu'une herbe rare, étouffée par les ronces et les broussailles, brûlée pendant l'été par les ardeurs du soleil. Le Marais enfin était presque toujours couvert d'eau et disparaissait sous la puissante végétation des plantes aquatiques.

Les habitants primitifs de la contrée étaient cantonnés, à l'abri des frimas et des vents, dans les vallons des affluents de la Sèvre et de la Boutonne, près des sources limpides et abondantes, à proximité des rivières et des bois. Dans la belle saison, ils s'aventuraient dans la Gatine, pour y chasser les fauves et mettre leurs familles et ce qu'ils possédaient à l'abri des tribus nomades.

A l'époque de l'invasion romaine, ces cantonnements étaient occupés, ainsi que le reste du Poitou, par les *Pictones* ou *Pictavi*, appartenant à la vaillante race des Gaëls ou Keltes qui, descendus, à une époque reculée, des plateaux du Caucase, avaient envahi l'Europe occidentale et absorbé les habitants primitifs de la contrée. Leur territoire appartenait à l'Armorique (littoral de la mer), nom qui plus tard ne servit à désigner que la presqu'île bretonne. Les Pictavi prirent part, avec les autres peuples de la Gaule, à la grande guerre de l'indépendance et suivirent la fortune de Vercingétorix, vaincu à Alésia par Jules César (52 avant Jésus-Christ).

Ils subirent la domination du vainqueur, et, après quelques révoltes promptement étouffées, ils firent partie de l'Aquitaine, province romaine comprise entre la Loire et les Cévennes au

Saint-Maixent.

nord et à l'est, le Lot et le cours supérieur de la Garonne, au sud et au sud-est. A cette époque, il existait déjà des centres de population sur l'emplacement de Niort et de Melle.

Les Romains ouvrirent des routes, assainirent la contrée en desséchant les marais, fortifièrent les villes déjà existantes, en fondèrent de nouvelles, aussi ont-ils laissé de leur passage des vestiges que de nombreuses fouilles ont fait partout retrouver.

En 419, l'empereur Honorius céda l'Aquitaine aux Visigoths, qui apportèrent chez les Pictaves romanisés leurs mœurs grossières. Ces barbares, toutefois, ne jouirent point longtemps de leurs nouvelles possessions, car, moins de cent ans plus tard, ils en furent dépossédés par Clovis, le fondateur de la monarchie française. Après avoir défait, près de Vouillé (507), Alaric, roi des Visigoths, Clovis s'empara de toute l'Aquitaine.

Vers le même temps, le christianisme pénétrait parmi les populations de cette région. Saint Agapit et son disciple, saint Maixent, y fondèrent une abbaye dans un lieu alors appelé Vauclair. Clovis leur accorda des bois et des terres. La renommée de saint Maixent s'étant répandue au loin, les habitants des campagnes environnantes vinrent se grouper sous sa protection, autour de l'abbaye, et fondèrent ainsi la ville de Saint-Maixent.

Pendant le règne des rois de la première race, plusieurs villes acquirent assez d'importance pour obtenir ou prendre le droit de battre monnaie. Citons Melle, Parthenay, Thouars, Javarzay, Ardin, etc.

Au VIIIe siècle, les Sarrasins d'Espagne envahirent l'Aquitaine; ils poussèrent leurs ravages jusque dans le Poitou. Melle eut particulièrement à souffrir de leurs attaques. Charles Martel ayant détruit leur armée à Poitiers (732), ils se dispersèrent et abandonnèrent toute l'Aquitaine, qui rendit hommage au vainqueur. Ce service fut bientôt oublié par les ducs d'Aquitaine. Pour les châtier, Pépin *le Bref*, fils de Charles Martel et fondateur de la dynastie carlovingienne, attaqua, en 768, Waïfre ou Guaïfer, duc d'Aquitaine, le défit, puis réunit l'Aquitaine et le Poitou à la couronne.

Niort.

Charlemagne créa, en 778, le comté du Poitou et en investit *Albon*, dont les actes sont entièrement inconnus.

En 817, les Normands et les Danois envahirent le Poitou, ruinèrent complétement l'abbaye de Saint-Maixent, livrèrent aux flammes Melle et d'autres villes; mais Niort resta toujours hors de leurs atteintes. Ils durent enfin se retirer devant les armées des comtes du Poitou.

Au onzième siècle, la France est féodale; tous les seigneurs, ducs, comtes et barons, ont rendu leurs fiefs indépendants et héréditaires, et se livrent entre eux des combats dont leurs vassaux ont cruellement à souffrir. Les comtes de Poitou ont à lutter contre les seigneurs de Bressuire, de Parthenay et de Thouars, dont ils étaient les suzerains.

En 1137, Louis VII, dit le Jeune, épouse Éléonore, héritière des ducs de Guyenne et des comtes de Poitou, dont les apanages, réunis à la couronne de France, en sont séparés en 1152, et passent à Henri, duc de Normandie et comte d'Anjou, par son mariage avec Éléonore, divorcée. Cette union eut pour la France les plus graves conséquences; car Éléonore apportait en dot à son nouvel époux les provinces qui formaient son patrimoine et que le roi de France lui avait rendues. Lorsque, deux ans plus tard, Henri fut monté sur le trône d'Angleterre, il devint maître de presque toute la France occidentale, et le territoire des Deux-Sèvres se trouva, comme le reste du Poitou, sous la domination anglaise.

Jean *Sans Terre*, fils du roi d'Angleterre Henri II, et frère de Richard *Cœur de Lion*, ayant assassiné son neveu Arthur, duc de Bretagne, fournit à Philippe Auguste, successeur de Louis VII, une occasion pour confisquer tous ses fiefs français et s'emparer, non sans coup férir, du comté de Poitou (1204). Deux ans après, Jean tenta une expédition en Poitou, mais, obligé à la retraite, il laissa Guy de Thouars, son partisan, à la merci du roi de France, qui ravagea ses états (1206).

Jean revint en 1214, mais, poursuivi par Louis VIII, fils de Philippe Auguste, il se renferma dans Parthenay où il signa une trêve de cinq ans (1219), pendant laquelle les franchises

Melle

communales furent largement étendues pour les villes du Poitou et pour Niort en particulier, qui, dès 1203, avait reçu d'Éléonore sa charte communale, confirmée plus tard par Louis VIII et son fils Louis IX.

Les hostilités reprirent en 1224 ; Niort s'était soumise à Henri III ; mais le roi de France, après un siége de quarante jours, força la ville à capituler. En 1241, les Anglais fomentèrent de nouveau la révolte en Poitou, et *Frontenay-l'Abattu* fut ruiné de fond en comble par saint Louis. La paix avec l'Angleterre ne fut signée qu'en 1259.

La guerre de Cent-ans ne fut pas moins désastreuse. Les Anglais s'emparèrent de Saint-Maixent et passèrent tous les habitants au fil de l'épée (1346). Niort, assiégée, repoussa trois assauts et força l'ennemi à se retirer ; mais le traité de Brétigny (1360) céda tout le Poitou aux Anglais, qui, malgré les protestations de la population, en occupèrent toutes les villes, réunirent une assemblée générale à Niort (1368) et menacèrent d'augmenter les impôts. Les habitants en appelèrent au roi de France, Charles V, qui déclara le Poitou réuni à la couronne.

Les hostilités commencèrent aussitôt. Du Guesclin pénétra dans le Poitou, chassant devant lui les Anglais. Ceux-ci essayent de se réfugier dans Niort, qui refuse de leur ouvrir ses portes. Irrités, les Anglais livrent un assaut furieux à la ville, s'en emparent et y commettent les plus épouvantables atrocités ; *ce fut grand' pitié*, dit Froissard, *car il y fut occis grand' foison d'hommes et de femmes* (1371). Du Guesclin cependant poursuit le cours de ses exploits ; il emporte d'assaut Saint-Maixent, Melle, Fontenay, oblige Thouars à se rendre ; enfin, il gagne sur les Anglais la sanglante bataille de Chizé (1372).

En 1436, Charles VII réunit définitivement le Poitou à la couronne et établit la commune de Saint-Maixent.

Les troubles de la Praguerie agitèrent quelque temps Niort et Saint-Maixent, où le Dauphin, qui fut depuis le roi Louis XI, avait établi le centre de ses opérations contre son père. Charles VII châtia sévèrement la ville de Niort (1440) et lui enleva ses priviléges ; mais Louis XI, dès qu'il fut roi, lui témoigna sa

Bressuire.

reconnaissance en les lui rendant. Ses successeurs, Charles VIII, Louis XII, François Ier, François II, les confirmèrent. Pendant le règne de ces rois, le Poitou jouit d'une tranquillité relative, troublée seulement par la révolte du duc d'Orléans et pendant la captivité de François Ier.

En 1559, les anciennes coutumes de Poitou furent réformées.

Sous Charles IX, les guerres religieuses, qui commencèrent en Poitou, eurent souvent pour théâtre des localités comprises actuellement dans le département des Deux-Sèvres.

En 1561, les huguenots ou protestants emportent d'assaut la ville de Thouars, ils y pillent les églises, et transforment celle de Saint-Médard en un temple protestant. Quelques années plus tard, à l'issue d'une conférence réunie à Châtillon-sur-Sèvre, l'amiral Coligny et son frère Dandelot assiégent Niort et forcent le gouverneur à se rendre « *la vie et les bagues* (bagages) *sauves.* » Saint-Maixent tombe également en leur pouvoir; enfin, Pamproux devient un champ de bataille où se rencontrent les armées catholique et huguenote (1568). L'année suivante, le comte du Lude tente vainement de s'emparer de Niort. Au mois d'octobre de cette même année, se livre, dans la plaine d'Assais, la sanglante bataille dite de Moncontour, où l'avantage reste aux troupes royales, commandées par le duc d'Anjou, qui fut depuis Henri III (1569). Niort ouvre ses portes au vainqueur, et tout le Poitou se soumet.

Les guerres de la Ligue ou de la succession d'Henri III eurent aussi leur contre-coup dans les villes principales, telles que Niort, Beauvoir, Marigny, Chizé, Sansais, Saint-Maixent, Parthenay, Mauléon. La paix ne se rétablit qu'à la promulgation de l'édit de Nantes (1598), qui, proclamant une amnistie complète, rétablit l'exercice de la religion catholique dans toutes les localités où il avait été interrompu, accorda la liberté de conscience aux huguenots et leur permit de pratiquer publiquement leur religion.

De cette époque date, pour toutes les villes du département, une ère de prospérité croissante, qui se termine brusquement à la révocation de l'édit de Nantes (1685). Un grand nombre

Pourparlers avant la bataille de Moncontour.

d'ouvriers et de manufacturiers habiles et intelligents, traqués par les dragons et obligés de s'expatrier, portèrent à l'étranger leur industrie et leur commerce.

La révolution de 1789, la cherté des subsistances, et surtout les décrets de l'Assemblée constituante relatifs à la constitution civile du clergé, occasionnèrent quelques troubles dans les Deux-Sèvres, notamment à Châtillon-sur-Sèvre et à Bressuire; cinq cents paysans, faits prisonniers au combat des *Moulins-à-Cornets*, aimèrent mieux être fusillés que de reconnaître les prêtres constitutionnels et de crier : « *Vive la nation !* » Enfin, en 1793, éclata cette grande guerre de Vendée, que Napoléon Ier appelait la *guerre des géants*. Le département des Deux-Sèvres devint le théâtre de sanglants combats. Bressuire fut livrée aux flammes par le général Grignon; il n'y resta, après l'incendie, qu'une maison et l'église. Parthenay, Fontenay et Thouars furent, comme Bressuire, prises et reprises par les bleus et par les blancs. Le 3 juillet 1793, Westermann, par un coup de main hardi, s'empare de Châtillon, mais, surpris à son tour, deux jours après, par l'armée vendéenne, il est obligé, à la suite d'un sanglant combat, de se sauver à la hâte, laissant un grand nombre de morts et de prisonniers.

La lutte se poursuivit pendant quelque temps avec des chances diverses. Elle devint sérieuse lorsque Kléber fut mis à la tête des troupes républicaines, et les Vendéens, privés de leurs principaux chefs, tombés glorieusement sur les champs de bataille, succombèrent bientôt sous des forces supérieures; le calme se rétablit peu à peu, et en 1795 toute la contrée était pacifiée. Les chouans essayèrent de rallumer la guerre civile en 1799, mais leur tentative échoua.

Depuis la pacification générale qui suivit la promulgation de la constitution de l'an VIII (1800), aucun fait important au point de vue de l'histoire locale ne s'est passé dans le département des Deux-Sèvres. Grâce à son éloignement de la frontière, ce département a toujours joui d'une tranquillité parfaite, il a pu développer en paix son agriculture, son commerce, son industrie, il n'a connu ni les désastres de l'invasion, ni les humiliations, ni les souffrances de l'occupation étrangère de 1814-1815 et de 1870-1871.

VII
Personnages célèbres.

Onzième siècle. — Radulphe ou Raoul, dit *Ardent*, prédicateur éloquent, mort en Palestine en 1101.

Treizième siècle. — Savary de Mauléon, né à Châtillon-sur-Sèvre, un des chefs de la croisade dirigée contre Damiette en 1218 et 1219, se distingua ensuite dans les guerres de Philippe Auguste et de Louis VIII contre l'Angleterre.

Seizième siècle. — Corneille Bertram (1531-1594), théologien calviniste et hébraïsant, un des hommes les plus érudits de son siècle, né à Thouars.

Dix-septième siècle. — Catherine de Rohan (1554-1631), écrivain calviniste, née à Parthenay. — Françoise d'Aubigné, marquise de Maintenon (1635-1719), veuve du poëte Scarron, deuxième femme du roi Louis XIV; née dans une maison que l'on voit encore à Niort, non loin du donjon où son père était emprisonné.

Dix-huitième siècle. — Isaac de Beausobre (1659-1738), théologien protestant et littérateur, né à Niort. — Madame de Caylus (1673-1729) a laissé un ouvrage charmant, ses *Souvenirs*, édités par Voltaire. — Santiago de Liniers-Brémont (1760-1809), contre-amiral espagnol, vice-roi de Buenos-Ayres; né à Niort. — Henri Du Verger de La Rochejacquelein (1772-1794), général vendéen, né au château de la Durbellière, à Saint-Aubin-de-Baubigné. — Louis-Marie de Lescure (1766-1793), général vendéen, célèbre par son humanité, né aux environs de Bressuire.

Dix-neuvième siècle. — Louis de Fontanes (1757-1821), poëte et homme d'État, grand maître de l'Université, né à Niort. — Louis-François-Jean Chabot (1757-1837), général, illustré par la défense de Corfou; né à Niort. — René Caillé (1799-1838), célèbre voyageur, le premier Européen qui ait visité Tombouktou ; né à Mauzé. — JEAN-ZUÉLÈMA AMUSSAT (1796-1858), chirurgien, membre de l'Académie de médecine, inventeur de la lithotritie; né à Saint-Maixent. — Le colonel DENFERT-ROCHEREAU (1823-1878), le défenseur de Belfort, né à Saint-Maixent. — Le chanteur MONTAUBRY, né à Niort en 1826. — M. LÉON PALUSTRE, directeur de la Société française d'archéologie, né près de Saint-Maixent.

VIII

Population, langue, culte, instruction publique.

La *population* des Deux-Sèvres s'élève, d'après le recensement de 1881, à 350,103 hab. A ce point de vue, c'est le 47e départ. Le chiffre des hab. divisé par celui des hectares donne, pour l'ensemble du départ. environ 58 hab. par 100 hect. ou par kil. carré; mais ce chiffre n'est que de 47 pour la Gâtine, tandis qu'il atteint 64 dans la Plaine : c'est ce qu'on nomme la *population spécifique*. Sous ce rapport, les Deux-Sèvres occupent le 48e rang. La France entière ayant 71 hab. par kil. carré, il en résulte que les Deux-Sèvres renferment, à surface égale, 13 hab. de moins que l'ensemble de notre pays. Depuis 1801, date du premier recensement officiel, les Deux-Sèvres ont gagné 108,187 habitants.

Le patois poitevin dérive en partie de la langue d'oïl, mais surtout de la langue d'oc, qui domine dans la partie du département empruntée à l'Aunis et à la Saintonge.

Le Gard, l'Ardèche et la Drôme sont les seuls départements qui aient plus de protestants que les deux-Sèvres. Les protestants, au nombre de 38,000, occupent surtout le sud-est du département, et principalement les cantons de Lezay, de la Mothe-Saint-Héraye et de Saint-Maixent.

Le nombre des *naissances* a été, en 1883, de 7,999 (plus 262 mort-nés); celui des *décès*, de 6,162; celui des *mariages*, de 2,512. A Niort, les décès sont en excès sur les naissances.

La *vie moyenne* est de 42 ans

Le *lycée* de Niort a compté, en 1880-1881, 380 élèves ; les trois *collèges communaux*, 560 ; 5 *institutions secondaires libres*, 361 ; 688 *écoles primaires*, 55,804 ; 55 *salles d'asile*, 2,676 ; 204 *cours d'adultes*, 4,849.

Les opérations du recrutement en 1880 ont donné les résultats suivants :

Ne sachant ni lire ni écrire	411
Sachant lire seulement.	30
Sachant lire, écrire et compter.	1,672
Bacheliers	11
Dont on n'a pu vérifier l'instruction	48
Total de la classe.	2,172

Sur 25 accusés de crime, en 1880, on a compté :

Accusés ne sachant ni lire ni écrire..	8
— sachant lire et écrire	16
— ayant reçu une instruction supérieure . .	1

IX

Divisions administratives.

Le département des Deux-Sèvres forme, avec la Vienne, le diocèse de Poitiers (suffragant de Bordeaux). — Il appartient à la 9ᵉ région militaire (Tours). — Il ressortit à la cour d'appel de Poitiers, — à l'Académie de Poitiers, — à la 9ᵉ légion de gendarmerie (Poitiers), — à la 11ᵉ inspection des ponts et chaussées, — à la 24ᵉ conservation des forêts (Niort), — à l'arrondissement minéralogique de Nantes (division du Centre), — à la 7ᵉ région agricole (Ouest central). — Il comprend 4 arrondissements (Bressuire, Melle, Niort, Parthenay), 31 cantons et 356 communes.

Chef-lieu du département : NIORT.

Chefs-lieux d'arrondissement : BRESSUIRE, MELLE, NIORT, PARTHENAY.

Arrondissement de Bressuire (6 cant.; 92 com.; 83,599 h.; 165,255 hect.).

Canton d'Argenton-Château (19 com.; 13,536 h.; 35,317 hect.). —

Argenton-Château. — Argenton-l'Église — Boësse — Bouillé-Loretz — Bouillé-Saint-Paul — Breuil-sous-Argenton-Château (Le) — Cersay — Coudre (La) — Étusson — Gennetou — Missais — Moutiers — Saint-Aubin-du-Plain — Saint-Clémentin — Saint-Maurice-la-Fougereuse — Saint-Pierre-à-Champ — Sanzay — Ulcot — Voultegon.

Canton de Bressuire (13 com.; 15,579 h.; 28,765 hect.). — Beaulieu — Boismé — Bressuire — Breuil-Chaussée — Chambroutet — Chiché — Clazay — Faye-l'Abbesse — Noirlieu — Noirterre — Saint-Porchaire — Saint-Sauveur — Terves.

Canton de Cerizay (13 com.; 13,813 h.; 21,298 hect.). — Bretignolles — Cerizay — Cirière — Combrand — Courlay — Forêt-sur-Sèvre (La) — Montigny — Montravers — Pin (Le) — Ronde (La) — Saint-André-sur-Sèvre — Saint-Jouin-de-Milly — Saint-Marsault.

Canton de Châtillon-sur-Sèvre (14 com.; 16,749 h.; 30,872 hect.). — Aubiers (Les) — Chapelle-Largeau (La) — Châtillon-sur-Sèvre — Loublande — Moulins — Nueil-sous-les-Aubiers — Petite-Boissière (La) — Puy-Saint-Bonnet (Le) — Rorthais — Saint-Amand-sur-Sèvre — Saint-Aubin-de-Beaubigné — Saint-Jouin-sous-Châtillon — Saint-Pierre-des-Echaubrognes — Temple (Le).

Canton de Saint-Varent (9 com.; 6,548 h.; 16,825 hect.). — Chapelle-Gaudin (La) — Coulonges-Thouarsais — Geay — Glénay — Luché-Thouarsais — Luzay — Pierrefitte — Sainte-Gemme — Saint-Varent.

Canton de Thouars (24 com.; 17,574 h.; 30,178 hect.). — Bagneux — Bilazais — Brie — Brion — Hameaux (Les) — Louzy — Maulais — Mauzé-Thouarsais — Missé — Noizé — Oiron — Pas-de-Jeu — Rigné — Saint-Cyr-la-Lande — Saint-Jacques-de-Thouars — Saint-Jean-de-Thouars — Saint-Léger-de-Montbrun — Saint-Martin-de-Maçon — Saint-Martin-de-Sanzay — Sainte-Radegonde — Sainte-Verge — Taizé — Thouars — Tourtenay.

Arrondissement de Melle (7 cant.; 92 com ; 72,660 h.; 137,289 hect.).

Canton de Brioux (21 com.; 10,408 h.; 26,704 hect.). — Asnières — Availles-sur-Chizé — Brieuil-sur-Chizé — Brioux — Chérigné — Chizé — Crézières — Ensigné — Fosses (Les) — Juillé — Luché-sur-Brioux — Lusseray — Paizay-le-Chapt — Périgné — Secondigné — Séligné — Vernoux-sur-Boutonne — Vert (Le) — Villefollet — Villiers-en-Bois — Villiers-sur-Chizé.

Canton de Celles (12 com.; 10,910 h.; 16,434 hect.). — Aigonnay — Beaussais — Celles-sur-Belle — Fressines — Montigné — Mougon — Prailles — Sainte-Blandine — Saint-Médard — Thorigné — Verrines — Vitré.

Canton de Chef-Boutonne (16 com.; 10,130 h.; 22,725 hect.). — Ardilleux — Aubigné — Bataille (La) — Bouin — Chef-Boutonne — Couture-d'Argenson — Fontenille — Gournay — Hanc — Loizé — Loubigné — Loubillé — Pioussay — Saint-Martin-d'Entraigues — Tillou — Villemain.

Canton de Lezay (10 com.; 11,402 h.; 23,644 hect.). — Chenay — Chey — Lezay — Messé — Rom — Saint-Coutant — Sainte-Soline — Sepvret — Vançais — Vanzay.

DIVISIONS ADMINISTRATIVES.

Canton de Melle-sur-Béronne (13 com.; 9,929 h.; 14.364 hect.). — Chail — Enclave-de-la-Martinière (L') — Maisonnay — Mazières-sur-la-Béronne — Melle-sur-Béronne — Paizay-le-Tort — Pouffond — Saint-Génard — Saint-Léger-lès-Melle — Saint-Martin-de-Melle — Saint-Romans-lès-Melle — Saint-Vincent-la-Châtre — Sompt.

Canton de la Mothe-Saint-Héraye (8 com.; 8,714 h.; 14,808 hect.). — Avon — Bougon — Exoudun — Goux — La Mothe-Saint-Héraye — Pamproux — Salles — Soudan.

Canton de Sauzé-Vaussais (12 com.; 11,167 h.; 16,826 hect.). — Alleuds (Les) — Caunay — Chapelle-Pouilloux (La) — Clussais — Limalonges — Lorigné — Mairé-Lévescault — Melleran — Montalembert — Pers — Pliboux — Sauzé-Vaussais.

Arrondissement de Niort (10 cant.; 93 com.; 111,785 h.; 144,393 hect.).

Canton de Beauvoir-sur-Niort (14 com.; 6,087 h.; 14,550 hect.). — Beauvoir-sur-Niort — Belleville — Charrière (La) — Cormenier (Le) — Foye-Monjault (La) — Granzay — Gript — Marigny — Prissé-le-Grand — Prissé-le-Petit — Revétison (La) — Saint-Étienne-la-Cigogne — Saint-Martin-d'Augé — Thorigny.

Canton de Champdeniers (12 com.; 8,109 h.; 12,655 hect.). — Champdeniers — Champeaux — Chapelle-Bâton (La) — Cours — Germond — Pamplie — Rouvre — Saint-Christophe-sur-Roc — Saint-Denis — Sainte Ouenne — Surin — Xaintray.

Canton de Coulonges-sur-l'Autise (14 com.; 16,127 h.; 26,591 hect.). — Ardin — Béceleuf — Beugnon (Le) — Busseau (Le) — Chapelle-Thireuil (La) — Coulonges-sur-l'Autise — Faye-sur-Ardin — Fenioux — Puihardy — Saint-Laurs — Saint-Maixent-de-Beugné — Saint-Pompain — Scillé — Villiers-en-Plaine.

Canton de Frontenay (9 com.; 8,214 h.; 14,004 hect.). — Amuré — Arçais — Bessines — Épannes — Frontenay — Saint-Symphorien — Sansais — Vallans — Vanneau (Le).

Canton de Mauzé-sur-le-Mignon (8 com.; 7,894 h.; 13,073 hect.). — Bourdet (Le) — Deyrançon — Mauzé-sur-le-Mignon — Priaires — Rochénard (La) — Saint-Georges-de-Rex — Saint-Hilaire-la-Pallud — Usseau.

1er *canton de Niort* (8 com.; 16,089 h.; 12,487 hect.). — Chauray — Échiré — Niort — Saint-Gelais — Saint-Maxire — Sainte-Pezenne — Saint-Remy — Sciec.

2e *canton de Niort* (6 com.; 19.685 h.; 8,147 hect.). — Coulon — Magné — Niort — Saint-Florent — Saint-Liguaire — Souché.

Canton de Prahecq (8 com.; 6,722 h.; 13,073 hect.). — Aiffres — Brûlain — Fors — Juscorps — Prahecq — Saint-Martin-de-Bernegoue — Saint-Romans-des-Champs — Vouillé.

1er *canton de Saint-Maixent* (7 com.; 11,883 h.; 12,356 hect.). — Augé — Azay-le-Brûlé — Breloux — Cherveux — François — Saint-Maixent — Saivres.

2e *canton de Saint-Maixent* (9 com.; 10,975 h.; 13,081 hect.). —

Chavagné — Exireuil — Nanteuil — Romans — Sainte-Éanne — Saint-Maixent — Saint-Martin-de-Saint-Maixent — Sainte-Néomaye — Souvigné.

Arrondissement de Parthenay (8 cant.; 79 com.; 82,059 h.; 158,018 hect.).

Canton d'Airvault (9 com.; 7,674 h.; 15,335 hect.). — Airvault — Availles-Thouarsais — Borcq-sur-Airvault — Boussais — Irais — Marnes — Saint-Généroux — Saint-Jouin-de-Marnes — Soulièvres.

Canton de Mazières-en-Gâtine (12 com.; 12,041 h.; 20,666 hect.). — Beaulieu-sous-Parthenay — Boissière-en-Gâtine (La) — Clavé — Groseillers (Les) — Mazières-en-Gâtine — Saint-Georges-de-Noisné — Saint-Lin — Saint-Marc-la-Lande — Saint-Pardoux — Soutiers — Verruyes — Vouhé.

Canton de Ménigoute (10 com.; 9,599 h.; 23,348 hect.). — Chantecorps — Coutière — Fomperron — Forges (Les) — Ménigoute — Saint-Germier — Saint-Martin-du-Fouilloux — Vasles — Vausseroux — Vautebis.

Canton de Moncoutant (12 com.; 14,945 h.; 22,758 hect.). — Absie (L') — Breuil-Bernard (Le) — Chanteloup — Chapelle-Saint-Étienne (La) — Chapelle-Saint-Laurent (La) — Clessé — Largeasse — Moncoutant — Moutiers-sous-Chantemerle — Pugny — Saint-Paul-en-Gâtine — Traye.

Canton de Parthenay (11 com.; 12,653 h.; 18,633 hect.). — Adilly — Amailloux — Boissière-Thouarsaise (La) — Chapelle-Bertrand (La) — Châtillon-sur-Thouet — Fénery — Parthenay — Pompaire — Saint-Germain-de-Longue-Chaume — Tallud (Le) — Viennay.

Canton de Saint-Loup (9 com.; 7,732 h.; 18,142 hect.). — Assais — Chillou (Le) — Gourgé — Jumeaux (Les) — Lamairé — Louin — Maisontiers — Saint-Loup — Tessonnière.

Canton de Secondigny (7 com.; 10,531 h.; 20,379 hect.). — Allonne — Azay-sur-Thouet — Neuvy-Bouin — Pougne-Hérisson — Saint-Aubin-le-Cloud — Secondigny — Vernoux-en-Gâtine.

Canton de Thénezay (9 com.; 7,084 h.; 18,556 hect.). — Aubigny — Doux — Ferrière-en-Parthenay (La) — Lhoumois — Oroux — Peyratte (La) — Pressigny — Saurais — Thénezay.

X

Agriculture, productions.

Sur les 599,988 hectares du département, on compte :

Terres labourables	422,377 hectares.
Prés	50,800
Vignes	19,881
Bois	42,985
Landes	8,267

Le reste du territoire se partage entre les pâturages et pacages, les étangs, les emplacements de villes, de bourgs, de villages, de fermes, les surfaces prises par les routes, les chemins de fer, les cimetières, etc.

En 1880, on comptait dans le département 36,150 chevaux, 12,800 mulets. 2,012 ânes, 217,935 animaux de l'espèce bovine, 18,405 moutons (104,250 kilogr. de laine en 1880), 78,930 porcs, 50,521 chèvres et 24.600 chiens. L'élève des *chevaux* est l'une des plus grandes industries des environs de Saint-Maixent. La race chevaline, bonne et forte, sert à la remonte de la grosse cavalerie et de l'artillerie; celle des **mulets** est réputée l'une des plus belles de l'Europe. C'est de la Plaine des Deux-Sèvres, de Melle surtout, que proviennent ces mules qui, en Espagne, servent de bêtes de trait pour les riches équipages et presque tous les transports. Les mulets de charge, à l'aide desquels on franchit les Alpes et les Pyrénées, et ceux connus sous le nom de mulets d'Auvergne et de Provence, sont également tirés de ce pays. Ce sont les paysans des environs de Melle et de la Mothe-Saint-Héraye qui possèdent les plus beaux ânes étalons, connus dans le pays sous le nom de «bardoux». Les Deux-Sèvres possèdent aussi de belles races de bêtes à cornes et de bêtes à laine. 18,845 ruches d'abeilles ont donné, en 1880, 56,535 kilogrammes de miel.

Les Deux-Sèvres ne sont pas fertiles sur toute leur étendue. Le nord du département est occupé par la *Gâtine*, pays autrefois improductif, couvert de bois alternant avec de pauvres champs de culture, avec des landes où fleurissaient les genêts, les bruyères, les ajoncs. La Gâtine s'est transformée, à la suite de la découverte du bassin houiller de Faymoreau et de Saint-Laurs, qui a permis de fabriquer la chaux à bas prix, pour la livrer à l'agriculture. Les champs ont été ainsi fécondés, un grand nombre de landes ont été défrichées, la culture des choux et analogues a permis l'élève d'un bétail nombreux; de sorte qu'aujourd'hui un sol ingrat est devenu assez largement rémunérateur. — Au sud, la *Plaine*, terre féconde, essentiellement propre à la culture des céréales, se couvre chaque année de riches moissons, de prairies artificielles et de cultures industrielles. La *betterave* introduite depuis quelques années, y réussit à merveille; elle alimente une importante sucrerie à Melle, et un assez grand nombre de distilleries. C'est au nord, sur les confins de l'Anjou, et au sud ouest, dans les parties appartenant autrefois à l'Aunis et à la Saintonge, que domine la vigne. — A l'ouest et au sud de Niort, s'étend le *Marais*, pays coupé en tous sens par une infinité de canaux servant à la fois à l'écoulement des eaux et à l'irrigation, et qui forment ainsi de nombreux îlots de terre végétale, appelés *mottes* quand ils produisent des céréales, des fourrages, des plantes textiles et légumineuses, et *terrées* quand ils sont recouverts de frênes, de saules, de peupliers, d'aunes et de trembles. — Du reste, dans tout le département, l'agriculteur, qui, dans le nord, doit lutter contre un sol ingrat, arrive, par une culture intelligente et rationnelle, à lui faire produire tout ce qu'il est susceptible de donner.

Les productions du territoire consistent en *céréales*, plantes textiles et légumineuses, pommes de terre, *légumes* et vins. Les artichauts, les asperges, les choux pommés, les choux-fleurs, les petites raves, les petits pois, réussissent parfaitement, et les environs de Niort produisent, en outre, une grande quantité d'excellents oignons. Les *vins* d'Airvault, de Thouars, de Saint-Varent, d'Argenton-Château, de Bouillé-Loretz, sont assez bons; ils ont les qualités des vins d'Anjou et quelques-uns sont mousseux. Les vins de Saintonge sont très-médiocres, sauf ceux de la Rochénard et de la Foye-Montjault. Une partie de ces vins sont convertis en eau-de-vie.

En 1883, on a récolté dans le département 1,421,549 hectolitres de froment, 169,785 de méteil et 245,062 de seigle; en 1880, 470,400 hectol. d'orge, 48,600 de sarrasin, 184,750 de maïs et millet, 998,000 d'avoine, 1,568,000 de pommes de terre, 70,000 de légumes secs, 1,252,800 quint. de betteraves, 9,600 de chanvre, 2,492 de lin, 27,600 hectolitres de graines de colza (650,000 kilogrammes d'huile); en 1882, 129,996 hectolitres de vin et 9,587 de cidre.

La culture forestière comprend quelques futaies, mais généralement ce sont des taillis de chênes, exploités pour l'écorce et le fagot, et de châtaigniers, pour les cercles, les perches et les échalas. Parmi les *forêts* (5,840 hectares seulement appartiennent à l'État), composées généralement de chênes, de hêtres et de châtaigniers, la plus importante est celle de Chizé. Après elle, il faut encore citer celles d'Autun, de l'Absie, de Chantemerle, de Secondigny (422 hectares), de l'Hermitain, et celle d'Aulnay, qui s'étend également dans la Charente-Inférieure.

Les pommiers dans la Gâtine, les noyers dans la Plaine, donnent des produits importants.

XI

Industrie, produits minéraux.

L'extraction de la *houille* (à Saint-Laurs) occupe environ 200 ouvriers, ayant extrait 21,809 tonnes de combustible en 1882; celle de la *tourbe* (dans quelques marais), une vingtaine. Il existe, sur plusieurs points du département, notamment à Sauzé-Vaussais et à Mairé-Lavescault, des gisements de fer, à Melle une mine de plomb argentifère jadis exploitée, enfin, près de Bressuire, des filons d'antimoine; mais ils ne sont pas assez riches pour faire l'objet d'une exploitation fructueuse. Dans la commune d'Ardin, se trouve une carrière de *marbre*, de plus d'un kilomètre de longueur sur 200 à 300 mètres de largeur et 10 à 15 mètres d'épaisseur, mais elle n'est pas exploitée. Les *carrières de pierre* de taille dure (pierre rousse) et tendre (pierre blanche) sont assez nombreuses et l'objet d'une exploitation très-importante, surtout à Niort et à Échizé. Azay-sur-Thouet a des carrières de granit.

Les *sources minérales* de Bilazais et de Vrère (près de Thouars), de Tonneret (commune de l'Absie) et de Fontadan (commune de Caunay) sont peu connues. La première seule a été l'objet de travaux de captation qui ont permis d'utiliser ses eaux pour le traitement d'un petit nombre de malades atteints d'affections qui exigent l'emploi des eaux sulfureuses.

Le genre d'industrie le plus répandu dans le département est la **fabrication des étoffes**. Dans la seule commune d'Azay-sur-Thouet, 70 métiers et plus de 100 ouvriers fabriquent annuellement environ 100,000 mètres d'étoffes. Parthenay a plusieurs fabriques de *draps communs*, industrie importée dans cette ville dès le onzième siècle ; la Mothe-Saint-Héraye, des fabriques de draps, de *peluches* et de *toiles;* Saint-Maixent, plusieurs fabriques de *serges* et d'étoffes diverses ; Thouars, des fabriques de *droguets* et de toiles; Saint-Loup-sur-Thouet, deux métiers pour le tissage de grosses étoffes. Saint-Marsault fournit des toiles communes; Châtillon-sur-Sèvre, des *flanelles*, des étoffes dites *croisés unis* et *rayés* et des *mouchoirs* de poche. A Moncoutant, il se fabrique des breluches (étoffes de laine sur fil) qui s'expédient en Normandie et en Touraine, des serges, des molletons, des toiles et des ratines fil fin. Vernoux-en-Gâtine confectionne des droguets et des toiles de lin ; Brioux-sur-Boutonne, des droguets et des serges. Enfin d'autres localités, comme Bressuire et Secondigny-en-Gâtine, produisent des étoffes diverses.

Les *tricots* viennent de Parthenay et de Bressuire, mais surtout de Saint-Maixent (157 métiers, 200 ouvriers). A Niort, 530 ouvriers confectionnent environ 25,000 douzaines de blouses par an.

Il existe des *filatures* de laine à la Mothe-Saint-Héraye, à Saint-Maixent, à Parthenay, à Azay-sur-Thouet ; des filatures de coton, à la Mothe-Saint-Héraye, à Niort, etc.; celle de Niort a une certaine importance, mais la principale industrie de cette ville, renommée pour son *angélique*, est la **peausserie**, qui comprend la fabrication des gants, la chamoiserie, la tannerie et la corroierie. La confection des gants de castor et de daim, celle des gants d'ordonnance pour la cavalerie, occupent plus de 1,100 ouvriers. La tannerie et la corroierie donnent lieu à un mouvement d'affaires de 1,100,000 francs. La préparation des crins de toute espèce occupe 175 ouvriers ; à cette industrie se rattache celle de la fabrication des brosses, qui donne du travail à 200 ouvriers.

Outre les *tanneries* de Niort, nous citerons celles de Parthenay, de la Mothe-Saint-Héraye, de Saint-Maixent, etc.

Parmi les *minoteries*, celles de Cerizay, de la Forêt-sur-Sèvre, de Parthenay et Saint-Loup-sur-Thouet sont les plus importantes. Le département possède aussi de nombreux moulins, notamment à Secondigny et à la Mothe-Saint-Héraye, qui alimente de farine les marchés de Rochefort, la Rochelle et Marans.

Enfin on trouve dans le département des fabriques de chapellerie, de noir animal, de colle-forte, de cardes, de vannerie, d'huile de colza et de lin, d'alcool de betteraves et de grains, des distilleries d'eau-de-vie, des fonderies, des brasseries, des poteries, etc.

Les usines ayant l'eau pour moteur sont au nombre de 740, qu utilisent une force évaluée à 3,000 chevaux-vapeur. On compte, en outre, 504 machines à vapeur fixes représentant une puissance de 1,895 chevaux, et 165 machines locomobiles, spécialement utilisées pour l'agriculture, et donnant une force de 677 chevaux.

XII

Commerce, chemins de fer, routes.

Le département *exporte* des mules et mulets pour l'Espagne, le Piémont et le Dauphiné, des moutons et des bœufs pour l'approvisionnement de Paris et de Poitiers, des chevaux, des grains, des graines fourragères et oléagineuses, des huiles de colza et de noix, des farines, des œufs, des vins, des eaux-de-vie, des vinaigres, des légumes, des étoffes communes, des peaux de chamois et autres, des gants, de la brosserie, de l'angélique de Niort, etc.

Il *importe* les denrées étrangères au sol et les denrées coloniales, des articles d'ameublement, de modes, d'épiceries, de librairie, des nouveautés, des porcelaines, faïences et verreries, des poissons frais, du sel, des huiles d'olives et de baleines, des pétroles, de la houille provenant de l'Angleterre et de la Belgique, des fers, des fontes, bois du Nord, etc.

Le départ. est traversé par 9 chemins de fer (429 kil.).

1° La ligne *de Poitiers à la Rochelle et à Rochefort* entre dans les Deux-Sèvres à 2 kil. avant la station de Pamproux. Il en sort à 5 kil. au delà de Mauzé, après un parcours de 65 kil., pendant lesquels il dessert Pamproux, la Mothe-Saint-Héraye, Saint-Maixent, la Crèche, Niort, Frontenay-Rohan-Rohan, Épannes et Mauzé.

2° La ligne *d'Angers à Niort* pénètre dans le départ. à 2 kil. au delà de la station de Maulévrier (Maine-et-Loire). Elle passe aux stations de Châtillon-sur-Sèvre, Nueil-sous-les-Aubiers, Voultegon, Bressuire, Courlay et Moncoutant. Puis elle entre dans la Vendée à 13 kil. de cette dernière station. Après un parcours de 13 kil. dans ce départ., elle rentre dans les Deux-Sèvres, où elle dessert Saint-Laurs, Coulonges-sur-l'Autise et Saint-Pompain. Enfin elle traverse de nouveau une parcelle du territoire vendéen (6 kil.), avant d'atteindre, au delà de la station de Coulon, la gare de Niort. Parcours, dans les Deux-Sèvres, 79 kil.

3° Le chemin de fer *de Paris à Bordeaux* traverse l'extrémité sud-est du département, sur une longueur de 4 kil. Il y a une station, celle de Civray, mais la ville de ce nom est située dans la Vienne.

4° Le chemin de fer *de Tours aux Sables-d'Olonne* passe du départ. de la Vienne dans celui des Deux-Sèvres en franchissant la Dive à 4 kil. en deçà de la station de Pas-de-Jeu. Il dessert Pas-de-Jeu, Orbé, Thouars, Coulonges-Thouarsais, Noirterre, Bressuire, puis entre dans la Vendée, au delà de Cerizay, après un développement de 65 kil.

5° Le chemin de fer *de Niort à Saintes* dessert Aiffres, Fors, Marigny, Beauvoir, la Charrière; puis il entre dans la Charente-Inférieure. Parcours, 28 kil.

6° Le chemin de fer *de Saumur à Niort par Parthenay* entre dans les Deux-Sèvres à 2 kil. 1,2 de la gare de Montreuil-Bellay, située dans le départ. de Maine-et-Loire, où il rentre un instant près de Lernay. Dans les Deux-Sèvres, il dessert Brion-sur-Thouet, Thouars où il croise la ligne des Sables, Saint-Jean-de-Thouars, Saint-Varent, Airvault, Saint-Loup-sur-Thouet, Gourgé, Parthenay, Saint-Pardoux-en-Gâtine, Mazières-en-Gâtine, Champdeniers, Cherveux, Échiré et Niort. Parcours, 102 kil.

7° L'embranchement *de Moncontour à Airvault* (15 kil.) a une station intermédiaire, Saint-Jouin-de-Marnes.

8° La ligne *de Poitiers à Parthenay* dessert la Ferrière, la Peyratte et Parthenay, dans les Deux-Sèvres, où son parcours est de 18 kil.

9° La ligne *de Niort à Ruffec* (56 kil.) dessert Aiffres, Prahecq, Mougon, Celles, Melle, Mazières-sur-la-Béronne, Brioux, Fontenille, Chef-Boutonne et Hanc-Loubillé. Au delà elle entre dans la Charente.

DEUX-SÈVRES.

Les voies de communication comptent 11,170 kil. 1/2, savoir :

8 chemins de fer.	373 kil.	
Routes nationales.	465	1/2
Chemins vicinaux de grande communication.	1,272	1/2
— d'intérêt commun	4,629	
— ordinaires [1]	7,341	1/2
2 rivières navigables { La Sèvre.	28 } 33	
{ Le Mignon.	5	

XIII

Dictionnaire des communes.

Les chiffres de la population sont ceux du dernier recensement (1881).

Absie (L'), 1,549 h., c. de Moncoutant. ⟶ A l'église, fresques ; tombeau de La Trémouille.
Adilly, 587 h., c. de Parthenay.
Aigonnay, 641 h., c. de Celles.
Aiffres, 1,157 h., c. de Prahecq. ⟶ Église à portail du xi° s. — Belle croix de cimetière du xii° s.
Airvault, 2,267 h., ch.-l. de c. de l'arr. de Parthenay. ⟶ Église Saint-Pierre (xii° s.), ancienne chapelle d'une puissante abbaye, longue de 59 mètres, haute sous voûte de 16. La façade, remaniée au xiii° s., est surtout remarquable par les vieillards sculptés sur l'archivolte de la porte et par la statue équestre que renferme une arcade du premier étage. Cette statue passe à tort pour être celle d'Heldéardix, fondatrice de l'abbaye (971). La nef, longue de sept travées, avec bas-côtés, est précédée d'un vestibule intérieur datant de l'époque de la fondation ; la nef centrale a été revoûtée au xv° s., avec des nervures ramifiées ; statuettes romanes et chapiteaux sous les voûtes. Clocher du xiii° s., belle tour carrée avec flèche octogonale en pierre haute de 59 mètres. Le chœur est entouré de trois chapelles circulaires. Au transsept se trouve le tombeau de l'abbé Pierre, à arcade du xii° s. Fonts baptismaux du xii° s. Beaux restes de la salle capitulaire (xiii° s.) et du cloître (xv° s.) de l'abbaye. — Ruines d'un château flanqué de deux tours et d'un donjon, d'où l'on jouit d'une très belle vue ; souterrains et casemates ; les murs ont encore leurs créneaux.
Alleuds (Les), 639 h., c. de Sauzé. ⟶ Église des xii° et xv° s. ; tombeau du xiv°.
Allonne, 2,002 h., c. de Secondigny.
Amailloux, 1,150 h., c. de Parthenay.
Amand-sur-Sèvre (Saint-), 1,968 h., c. de Châtillon.
Amuré, 369 h., c. de Frontenay. ⟶ Deux dolmens enterrés.
André-sur-Sèvre (Saint-), 1,135 h., c. de Cerizay. ⟶ Château des xiv° et xv° s. : beau donjon surmonté d'une tourelle.
Arçais, 1,070 h., c. de Frontenay.
Ardilleux, 254 h., c. de Chef-Boutonne.
Ardin, 1,865 h., c. de Coulonges.
Argenton-Château, 1,185 h., ch.-l. de c. de l'arrond. de Bressuire, sur une colline très escarpée, au confluent de l'Ouère et de l'Argenton. ⟶ Sites riants et pittoresques. — Église : magnifique porte romane ornée de sculp-

[1] 2,788 kilomètres seulement sont à l'état de viabilité.

tures figurant des scènes bibliques et le jugement dernier; les jambages sont flanqués chacun de onze colonnes à chapiteaux historiés; dans les voussures de l'arc sont représentés les Anges, les Bienheureux, les Vertus et les Vices, les Vierges sages et les Vierges folles, avec des inscriptions, le Christ avec ses Apôtres, et les signes du zodiaque. — Parmi les restes du château, petite chapelle ruinée dont l'abside est ornée d'une peinture romane très remarquable figurant le Christ au milieu des Évangélistes. — Ruines d'un château que bâtit et où mourut (1509) Philippe de Comines.

Argenton-l'Église, 955 h., c. d'Argenton-Château.

Asnières, 548 h., c. de Brioux.

Assais, 954 h., c. de Saint-Loup.

Aubiers (Les), 2.562 h., c. de Châtillon.

Aubigné, 506 h., c. de Chef-Boutonne.

Aubigny, 424 h., c. de Thénezay.

Aubin-de-Baubigné (Saint-), 1.847 h., c. de Châtillon. ⟶ Église ogivale bâtie en 1547; tombeaux des La Rochejacquelein. — Château de la Durbellière (XVIe s.), ancienne habitation des La Rochejacquelein.

Aubin-du-Plain (Saint-), 527 h., c. d'Argenton-Château.

Aubin-le-Cloud (Saint-), 1,618 h., c. de Secondigny.

Augé, 1,577 h., 1er c. de Saint-Maixent. ⟶ Église fortifiée.

Availles-sur-Chizé, 508 h., c. de Brioux.

Availles-Thouarsais, 340 h., c. d'Airvault.

Avon, 288 h., c. de la Mothe. ⟶ Dolmen.

Azay-le-Brûlé, 1,827 h., 1er c. de Saint-Maixent.

Azay-sur-Thouet, 1,472 h., c. de Secondigny.

Bagneux, 296 h., c. de Thouars.

Bataille (La), 180 h., c. de Chef-Boutonne.

Beaulieu-sous-Bressuire, 627 h., c. de Bressuire.

Beaulieu-sous-Parthenay, 900 h.,

c. de Mazières. ⟶ Église du XIIIe s. — Sur le bord d'un étang, belles ruines d'un château construit en 1635 par le maréchal de la Meilleraye et encore entouré de fossés.

Beaussais, 759 h., c. de Celles.

Beauvoir-sur-Niort, 576 h., ch.-l. de c. de l'arrond. de Niort.

Béceleuf, 1,071 h., c. de Coulonges.

Belleville, 175 h., c. de Beauvoir.

Bessines, 464 h., c. de Frontenay.

Beugnon (Le), 922 h., c. de Coulonges.

Bilazais, 143 h., c. de Thouars.

Blandine (Sainte-), 704 h., c. de Celles.

Boësse, 473 h., c. d'Argenton-Château.

Boismé, 1,457 h., c. de Bressuire. ⟶ Ruines du château de Clisson, où naquit Lescure.

Boissière-en-Gâtine (La), 471 h., c. de Mazières. ⟶ Église romane.

Boissière-Thouarsaise (La), 587 h., c. de Parthenay.

Borcq-sur-Airvault, 434 h., c. d'Airvault.

Bougon, 381 h., c. de la Mothe. ⟶ Trois tombelles celtiques (ou peut-être antérieures aux Celtes), dont l'une a 200 mèt. de circonférence sur 6 mèt. de hauteur; une autre, ronde, de 100 mètres et haute de 5 mèt. 50 c., renferme un remarquable sépulcre formé de pierres brutes posées debout, long de 7 mèt. 48 c. et large de 5 mèt. 40 c., où ont été trouvés de nombreux objets en os et en pierre et des squelettes. — Quatre dolmens. — Petite chapelle romane, au clocher pittoresque.

Bouillé-Loretz, 1,219 h., c. d'Argenton-Château.

Bouillé-Saint-Paul, 744 h., c. d'Argenton-Château.

Bouin, 358 h., c. de Chef-Boutonne.

Bourdet (Le), 587 h., c. de Mauzé.

Boussais, 837 h., c. d'Airvault.

Breloux, 2,347 h., 1er c. de Saint-Maixent. ⟶ Église moderne de la Crèche; beau clocher, style du XIIe s.,

Bressuire, 3,816 h., ch.-l. d'arrond., dans une situation pittoresque, sur une colline dominant la vallée du Dolo ou Ire. → Belle *église*, nef sans bas-côtés, avec une jolie porte latérale, de la fin du XII° s.; large chœur avec collatéraux, reconstruit ou remanié dans le style gothique, à la fin du XVI° s.; tour élégante de la Renaissance (1512), couronnée par un dôme refait en 1728. et haute de 56 mèt.; fonts baptismaux modernes en pierre, style de la Renaissance; chaire sculptée du temps de Louis XV. — Magnifiques ruines d'un *château* féodal, composé de deux enceintes, dont la première date du XII° s. La seconde enceinte et les bâtiments d'habitation furent bâtis vers 1470; on y remarque une grosse tour ronde, des galeries, la tour carrée du Trésor, haute de 20 mèt., et quelques tourelles. — Chapelle de l'Aumônerie Saint-Jacques (XII° s.). — Bel *hôpital*.

Bretignolles, 732 h., c. de Cerizay.
Breuil-Bernard (Le), 614 h., c. de Moncoutant.
Breuil-Chaussée, 1,040 h., c. de Bressuire.
Breuil-sous-Argenton(Le), 445 h., c. d'Argenton-Château. → Ruines pittoresques du château de la Beaupinay (XV° et XVI° s.), couronné de mâchicoulis et percé de croisées à frontons.
Brie, 474 h., c. de Thouars.
Brieuil-sur-Chizé, 157 h., c. de Brioux.
Brion, 496 h., c. de Thouars.
Brioux-sur-Boutonne, 1,317 h., ch.-l. de c. de l'arrond. de Melle.
Brûlain, 894 h., c. de Prahecq.
Busseau (Le), 1,671 h., c. de Coulonges.
Caunay, 512 h., c. de Sauzé.
Celles-sur-Belle, 1,613 h., ch.-l. de c. de l'arr. de Melle. → Église, autrefois rebâtie par Louis XI; longueur, 60 mèt.; hauteur sous voûte, 19 mèt.; trois nefs avec belles voûtes à nervures, précédées d'un joli portail roman du XII° s. à voussures polylobées; le chœur et le transsept ont été remaniés dans le style gothique au XVII° s. Il reste des ruines (XVI° et XVIII° s.) de l'abbaye de Génovéfains dont cette église faisait partie et dont le prince de Talleyrand fut le dernier titulaire.

Cerizay, 1,863 h., ch.-l. de c. de l'arrond. de Bressuire, sur une colline, près de la Sèvre-Nantaise. → Église de la fin du XII° s. — Ruines imposantes d'un château du XII° s. — Gouffre de la Goule-d'Or, mare profonde recouvrant, dit-on, une ancienne mine. — A N.-D. de Beauchêne, église des XIII° et XV° s.
Cersay, 954 h., c. d'Argenton-Château.
Chail, 547 h., c. de Melle.
Chambroutet, 583 h., c. de Bressuire. → Portail roman de l'église.
Champdeniers, 1,362 h., ch.-l. de c. de l'arrond. de Niort. → Église romane à trois nefs (XI° s.); chapiteaux historiés; belle tour octogonale avec flèche; crypte à trois nefs; abside du XV° s.
Champeaux, 359 h., c. de Champdeniers.
Chantecorps, 942 h., c. de Ménigoute.
Chanteloup, 1,540 h., c. de Moncoutant.
Chapelle-Bâton (La), 806 h., c. de Champdeniers.
Chapelle-Bertrand (La), 682 h., c. de Parthenay.
Chapelle-Gaudin (La), 526 h., c. de Saint-Varent.
Chapelle-Largeau (La), 998 h., c. de Châtillon.
Chapelle-Pouilloux (La), 319 h., c. de Sauzé.
Chapelle-Saint-Étienne (La), 841 h., c. de Moncoutant.
Chapelle-Saint-Laurent (La), 2,191 h., c. de Moncoutant. → Curieux rocher, dit le *Chiron* de la Vierge, long de 35 mèt., large de 21, haut seulement de 1 mèt. à 1 mèt. 25 c.
Chapelle-Thireuil (La), 992 h., c. de Coulonges.
Charrière (La), 660 h., c. de Beauvoir.
Châtillon-sur-Sèvre, 1,475 h., ch.-l. de c., arrond. de Bressuire, sur la Sèvre-Nantaise. → Ancienne abbaye (XVIII° s.). — Château ruiné, XII° et XIII° s.
Châtillon-sur-Thouet, 784 h., c. de Parthenay. → Église antérieure au XI° s., maladroitement restaurée.
Chauray, 955 h., 1er c. de Niort. → A l'église, portail roman.

Chavagné, 1,051 h., 2ᵉ c. de Saint-Maixent.

Chef-Boutonne, 2,273 h., ch.-l. de c. de l'arrond. de Melle. ⟶ Belle source de la Boutonne. — Butte de la Motte-Tuffaud, d'origine celtique. — A Javarzay, jolie église romane à trois nefs ; sur la façade, modillons sculptés dont les intervalles sont ornés de bas-reliefs et de fleurons ; dans le bas-côté du nord, armoire cintrée surmontée de gracieuses moulures. Chœur reconstruit au xvᵉ s. ; coupole à nervures, du xiiᵉ s., surmontée d'une tour carrée à deux étages. — Château de la Renaissance, à Javarzay : belles fenêtres sur la cour ; tour carrée du xvᵉ s., flanquée de tourelles, servant d'entrée ; tour ronde à mâchicoulis ; chapelle ogivale du xviᵉ s.

Chenay, 1,082 h., c. de Lezay. ⟶ Dolmen, près de Brieuil.

Chérigné, 346 h., c. de Brioux.

Cherveux, 1,721 h., 1ᵉʳ c. de Saint-Maixent. ⟶ Château féodal en par-

Château du Coudray-Salbart.

tie entouré d'eau, construit au xvᵉ s. ; donjon et tour à mâchicoulis.

Chey, 1,118 h., c. de Lezay.

Chiché, 1,772 h., c. de Bressuire. ⟶ Église romane.

Chillou (Le), 260 h., c. de St-Loup.

Chizé, 666 h., c. de Brioux.

Christophe-sur-Roc (Saint-), 775 h., c. de Champdeniers. ⟶ Croix de cimetière du xiiᵉ s. — Jolie fontaine.

Cirière, 974 h., c. de Cerizay. ⟶ Tombelles.

Clavé, 755 h., c. de Mazières.

Clémentin (Saint-), 839 h., c. d'Argenton-Château.

Clessé, 1,286 h., c. de Moncoutant.

Clussais, 1,414 h., c. de Sauzé. ⟶ Curieuse église romane de la fin du xiiᵉ s. à une seule nef, couverte en dalles ; porche intérieur dont la remarquable coupole supporte un clocher carré.

Cluzay, 596 h., c. de Bressuire.

Combrand, 1,260 h., c. de Cerizay.

Cormenier (Le), 379 h., c. de Beauvoir. ⟹ Chœur de l'église, xii* s.

Coudre (La), 289 h., c. d'Argenton-Château.

Coulon, 1,777 h., 2* c. de Niort.

Coulonges-sur-l'Autise, 2,319 h., ch.-l. de c. de l'arrond. de Niort. ⟹ Château de la Renaissance (1544); belles sculptures; escalier magnifique; cuisines souterraines très remarquables et jolie chapelle. — Belles halles. — Sources abondantes.

Coulonges-Thouarsais, 766 h., c. de Saint-Varent.

Courlay, 2,538 h., c. de Cerizay. ⟹ Château de Pont-Courlay.

Cours, 640 h., c. de Champdeniers.

Coutant (Saint-), 861 h., c. de Lezay. ⟹ Château de Germain, surmonté d'une vieille tour.

Coutière, 505 h., c. de Ménigoute.

Couture-d'Argenson, 742 h., c. de Chef-Boutonne.

Crézières, 187 h., c. de Brioux.

Cyr-de-Lalande (Saint-), 452 h., c. de Thouars.

Denis (Saint-), 254 h., c. de Champdeniers.

Deyrançon, 1,039 h., c. de Mauzé.

Doux, 502 h., c. de Thénezay.

Éanne (Sainte-), 820 h., 2* c. de Saint-Maixent. ⟹ Pierres mégalithiques; dolmen de la Pierre-Chèvre.

Échiré, 1,679 h., c. de Niort. ⟹ Église romane presque entièrement reconstruite de nos jours. — Ruines du château du Coudray-Salbart, sur un petit promontoire dominant la Sèvre-Niortaise. Six belles tours rondes et elliptiques du xiii* s., dont la plus forte a des murs de 5 mèt. d'épaisseur. A l'intérieur des tours, cheminées avec chapiteaux et voûtes à nervures. Ces ruines sont le sujet de plusieurs légendes. — Château de Mursay, où fut élevée madame de Maintenon.

Enclave-de-la-Martinière (L'), 518 h., c. de Melle.

Ensigné, 606 h., c. de Brioux. ⟹ Restes d'une commanderie.

Épannes, 510 h., c. de Frontenay. ⟹ Dans le clocher, curieuse coupole romane en forme de tronc de cône montée sur pendentifs.

Étienne-la-Cigogne (Saint-), 276 h., c. de Beauvoir.

Étusson, 603 h., c. d'Argenton-Château.

Exireuil, 1,084 h., 2* c. de Saint-Maixent. ⟹ Église du xii* s. — Ruines du château d'Aubigné. — Vallon du Puy d'Enfer, entouré de rochers (cascade).

Exoudun, 1,424 h., c. de la Mothe. ⟹ Beau dolmen. — Source impétueuse, jaillissant dans le lit même de la Sèvre-Niortaise et formant la véritable origine de cette rivière.

Faye-l'Abbesse, 1,191 h., c. de Bressuire.

Faye-sur-l'Ardin, 550 h., c. de Coulonges.

Fénery, 385 h., c. de Parthenay.

Fenioux, 1,688 h., c. de Coulonges. ⟹ Église en partie de la Renaissance.

Ferrière-en-Parthenay (La), 965 h., c. de Thézenay. ⟹ Ancien château de Magot.

Florent (Saint-), 1,418 h., 2* c. de Niort. ⟹ A l'église, sculptures carlovingiennes ou mérovingiennes; crypte.

Fomperron, 850 h., c. de Ménigoute.

Fontenille, 376 h., c. de Chef-Boutonne.

Forêt-sur-Sèvre (La), 927 h., c. de Cerizay. ⟹ Château bâti en 1819, sur les ruines d'un manoir où mourut Duplessy-Mornay et dont il reste quelques débris.

Forges (Les), 374 h., c. de Ménigoute.

Fors, 849 h., c. de Prahecq. ⟹ Restes d'un château de la Renaissance. — A l'église, voûtes de la nef sur croisées d'ogives sculptées et peintes.

Fosses (Les), 437 h., c. de Brioux. ⟹ Camp romain.

Foye-Monjault (La), 1,014 h., c. de Beauvoir.

François, 627 h., 1er c. de Saint-Maixent.

Fressines, 935 h., c. de Celles.

Frontenay-Rohan-Rohan, 2,038 h., ch.-l. de c. de l'arrond. de Niort. ⟹ Église: façade restaurée en partie au xv* s.; narthex et tour du xii* s.

(remarquables chapiteaux); porche et élégant clocher du XI° s.; le reste a été reconstruit au XV° s.

Geay, 593 h., c. de Saint-Varent.

Gelais (Saint-), 956 h., 1er c. de Niort.

Gemme (Sainte-), 347 h., c. de Saint-Varent.

Génard (Saint-), 598 h., c. de Melle. ⟶ A l'église, portail roman.

Généroux (Saint-), 556 h., c. d'Airvault. ⟶ Église, une des plus curieuses de la France, mais presque entièrement reconstruite de nos jours. Les murs latéraux de la nef sont percés, au sud, de fenêtres que séparent, à l'extérieur, des frontons triangulaires, simulés avec appareils d'ornement; le mur oriental de la nef et l'abside principale sont décorés de la même manière; sur

Donjon de Niort.

les grandes arcades de l'entrée du chœur sont percées des baies à colonnettes formant une fausse galerie. Cette église, dont la fondation remonte au moins au VIII° s., avait été remaniée au XII°; elle avait été bâtie sur le tombeau du saint dont elle porte le nom.

Genneton, 754 h., c. d'Argenton-Château.

Georges-de-Noisné (Saint-), 1.554 h., c. de Mazières. ⟶ Église des XI°, XII° et XVI° s.

Georges-de-Rex (Saint-), 488 h., c. de Mauzé.

Germain-de-Longue-Chaume (Saint-), 534 h., c. de Parthenay.

Germier (Saint-), 643 h., c. de Ménigoute.

Germond, 809 h., c. de Champdeniers. ⟶ Motte féodale.

Glénay, 674 h., c. de Saint-Varent. ⟶ Ancien château.

Gourgé, 1,782 h., c. de Saint-Loup. ⟶ A l'église, curieuses voûtes des bas-côtés (xii° s.), en berceaux perpendiculaires à la nef.

Gournay, 742 h., c. de Chef-Boutonne. ⟶ Près de l'église, jolis restes d'un logis du xvi° s. — Au Bas-Gournay, donjon du xv° s. — A Bataillé, curieuse rivière souterraine.

Goux, 518 h., c. de la Mothe.

Granzay, 438 h., c. de Beauvoir.

Gript, 294 h., c. de Beauvoir.

Groseillers (Les), 145 h., c. de Mazières.

Hameaux (Les), 1,066 h., c. de Thouars.

Hanc, 654 h., c. de Chef-Boutonne.

Hilaire-la-Pallud (Saint-), 2 039 h., c. de Mauzé.

Irais, 395 h., c. d'Airvault.

Jacques-de-Thouars (Saint-), 415 h., c. de Thouars. ⟶ Restes d'une église de la 1re moitié du xi° s.

Jean-de-Thouars (Saint-), 517 h., c. de Thouars.

Jouin-de-Marnes (Saint-), 1,270 h., c. d'Airvault. ⟶ Belle église des xi° et xii° s., ayant fait partie d'une abbaye de Bénédictins qui était une des plus anciennes de France. La façade est une des plus remarquables qui restent de l'époque romane. Elle est flanquée de quatre faisceaux de colonnes massives qui la partagent en trois parties correspondant aux trois nefs; les colonnes extrêmes supportent deux tourelles octogonales à deux étages qui s'élèvent à la base du fronton et dont l'une a conservé son aiguille en pierre. La porte, à embrasure profonde, offre une ornementation d'un goût excellent. Des arcades correspondent aux bas-côtés ; celle de gauche est seule bien conservée. La grande fenêtre qui surmonte la porte est accompagnée de statues; d'autres statues sont placées sur les arcades latérales du premier étage, à la base et au tympan du grand fronton. Les chapelles de l'abside sont aussi très ornées à l'extérieur; mais toutes les parties supérieures du chœur et du transsept ont été remaniées à la période gothique pour recevoir des ouvrages de défense (aujourd'hui détruits) et des voûtes, qui sont soutenues par des arcs-boutants partant du sol. L'intérieur offre des voûtes curieuses; sous le sanctuaire existe une petite crypte.

Jouin-de-Milly (Saint-), 438 h., c. de Cerizay.

Jouin-sous-Châtillon (Saint-), 1,041 h., c. de Châtillon.

Juillé, 216 h., c. de Brioux.

Jumeaux (Les), 406 h., c. de Saint-Loup.

Juscorps, 285 h., c. de Prahecq. ⟶ A l'église, chapiteaux romans.

Lamairé, 553 h., c. de Saint-Loup.

Largeasse, 1,135 h., c. de Moncoutant. ⟶ A la Morelière, près de la Sèvre-Nantaise, parmi d'énormes blocs de granit appelés *chirons*, pierre branlante de 14 mètres de tour. — Près de la Chevalerie, autre mégalithe.

Laurs (St-), 1,212 h., c. de Coulonges.

Léger-de-Montbrun (Saint-), 895 h., c. de Thouars. ⟶ Près d'Orbé, demi-dolmen.

Léger-lès-Melle (Saint-), 788 h., c. de Melle.

Lezay, 2.641 h., ch.-l. de c. de l'arr. de Melle, sur la Dive du Midi.

Lhoumois, 439 h., c. de Thénezay.

Liguaire (Saint-), 1,116 h., 2° c. de Niort. ⟶ Ruines d'une abbaye.

Limalonges, 1,455 h., c. de Sauzé. ⟶ Église: chœur roman. — La Pierre-Pèse, beau dolmen dont la table a 7 mèt. 50 c. de longueur.

Lin (St-), 558 h., c. de Mazières.

Loizé, 467 h., c. de Chef-Boutonne.

Lorigné, 905 h., c. de Chef-Boutonne.

Loubigné, 296 h., c. de Chef-Boutonne.

Loubillé, 862 h., c. de Chef-Boutonne.

Loublande, 567 h., c. de Châtillon.

Louin, 1,201 h., c. de Saint-Loup.

Loup-sur-Thouet (Saint-), 1,701 h., ch.-l. de c., arr. de Parthenay, au confluent du Thouet et du Cébron. ⟶ Château bâti sous Louis XIII par le cardinal de Sourdis; tour carrée du xv° s. et chapelle, restes d'un château antérieur.

Louzy, 741 h., c. de Thouars.

Luché-sur-Brioux, 200 h., c. de Brioux.

Luché-Thouarsais, 514 h., c. de Saint-Varent.

Lusseray, 574 h., c. de Brioux.
Luzay, 631 h., c. de Saint-Varent.
Magné, 1,156 h., 2ᵉ c. de Niort. ☞ A l'église, joli portail de la Renaissance.
Mairé-Lévescault, 1,105 h., c. de Sauzé.
Maisonnay, 279 h., c. de Melle. ☞ A l'église, beau portail du xiiᵉ s.
Maisontiers, 316 h., c. de Saint-Loup. ☞ N.-D. de l'Arceau, pèlerinage.

Maixent Saint-), 4,790 h., ch.-l. de 2ᵉ c. de l'arrond. de Niort, sur la Sèvre-Niortaise. ☞ Belle église des xiiᵉ-xvᵉ s., reconstruite de 1670 à 1682, dans le style et sur le plan primitifs; porche du xiiᵉ s., surmonté d'un magnifique clocher du xvᵉ s., réparé au xviiᵉ; chœur de style angevin; sanctuaire entouré d'une clôture de la Renaissance; maître-autel, boiseries et confessionnal du xviiᵉ s.; crypte (8 belles colonnes ro-

Ancien hôtel de ville de Niort.

manes) renfermant les sarcophages de saint Maixent et de saint Léger. De l'abbaye dont dépendait cette église, il subsiste des bâtiments du xviiᵉ s., ornés de sculptures, et convertis en école d'infanterie. — Crypte (viiᵉ s.) de l'ancienne église Saint-Léger (temple protestant). — Tour Chabot, reste des remparts. — Maisons des xivᵉ et xvᵉ s. — École de dressage dans l'ancien château. — Belles promenades publiques.

— Statue du colonel Denfert-Rochereau, le défenseur de Belfort.
Maixent-de-Beugné (Saint-), 641 h., c. de Coulonges.
Marc-Lalande (Saint-), 547 h., c. de Mazières. ☞ Belles ruines d'une église du xvᵉ s. ayant appartenu à une commanderie de religieux de Saint-Antoine; charmante façade gothique; anciens bâtiments (xviiᵉ s.) de la commanderie.

Marigny, 1,130 h., c. de Beauvoir. ⟹ Église; belle abside romane.

Marnes, 799 h., c. d'Airvault. ⟹ Église romane assez curieuse. — Croix romane dans le cimetière. — Château de Retournay (XVIe s.).

Marsault (Saint-), 813 h., c. de Cerizay.

Martin-d'Augé (Saint-), 139 h., c. de Beauvoir.

Martin-de-Bernegoue (Saint-), 513 h., c. de Prahecq.

Martin-d'Entraigues (Saint-), 325 h., c. de Chef-Boutonne.

Martin-de-Maçon (Saint-), 472 h., c. de Thouars.

Martin-de-Melle (Saint-), 517 h., c. de Melle. ⟹ Beau château de Chaillé (1604).

Martin-de-Saint-Maixent(Saint-), 1,026 h., 2e c. de Saint-Maixent. ⟹ Vaste hippodrome.

Martin-de-Sanzay (Saint-), 1,159 h., c. de Thouars.

Martin-du-Fouilloux (Saint-), 720 h., c. de Ménigoute. ⟹ Restes du château du Fouilloux. — Belle vue du haut du Terrier du Fouilloux.

Maulais, 521 h., c. de Thouars.

Maurice-la-Fougereuse (Saint-), 1,067 h., c. d'Argenton-Château.

Mauzé-sur-Mignon, 1,670 h., ch.-l. de c. de l'arrond. de Niort. ⟹ Restes d'un château de la Renaissance, agrandi de nos jours. — Sur le pont, buste du célèbre voyageur René Caillé.

Mauzé-Thouarsais, 1,490 h., c. de Thouars.

Maxire (St-), 795 h., 1er c. de Niort.

Mazières-en-Gâtine, 1,941 h., ch.-l. de c., arr. de Parthenay. ⟹ Église romane, remaniée en 1857.

Mazières-sur-la-Béronne, 603 h., c. de Melle.

Médard (Saint-), 207 h., c. de Celles.

Melle, 2,706 h., ch.-l. d'arrond., sur une colline escarpée, près de la Béronne. ⟹ *Église Saint-Pierre*, du XIIe s.; trois nefs voûtées en berceau; trois absides magnifiques, surtout celle du milieu; curieuse porte latérale (au sud) à ogives très simples, surmontée d'une corniche à modillons où sont sculptés les symboles des Évangélistes avec leurs noms et deux signes du zodiaque; sur la corniche, grande arcade avec colonnes et archivolte ornées, renfermant trois statues décapitées (le Christ entre deux anges); clocher carré à arcatures sur le chœur; curieux chapiteaux historiés à l'intérieur; entre deux contreforts, à l'extérieur, tombeau du fondateur de la fête de la Bachellerie, avec une inscription en beaux vers latins. — *Saint-Hilaire*, des XIe et XIIe s.; la façade principale est ornée, au premier étage, de trois grandes arcades, flanquée de grosses colonnes et d'un clocheton; la nef comprend six travées, sculptées extérieurement du côté du nord; à l'intérieur, la plupart des piliers qui séparent les trois nefs sont ornés de curieux chapiteaux. La porte du transept présente des pilastres cannelés, des figures d'animaux et des statues de guerriers; au-dessus, une arcade profonde, dont de gracieuses palmettes décorent le cintre, abritait une statue équestre, malheureusement fort mutilée. L'abside est entourée d'un couloir et de trois chapelles rayonnantes. L'église Saint-Hilaire, dont la décoration végétale est variée et remarquable, a été soigneusement restaurée de nos jours. — *Saint-Savinien* (XIe s.) sert de prison; jolie façade; porte latérale à sculptures; magnifiques chapiteaux dans l'abside. — *Tours* dites *de l'Évêché* (XVe s.), percées d'élégantes fenêtres et flanquées chacune d'une tourelle. Entre ces tours est une porte en ogive. A cette façade a été joint un édifice moderne, construit dans le même style, pour renfermer le tribunal. — Gracieux *campanile*, reste de l'ancien collège (1623). — Bel édifice moderne servant de *mairie* et d'*hôpital* (joli portail de la Renaissance, provenant du monastère de Puyberland). — Nombreuses galeries souterraines.

Melleran, 1,189 h., c. de Sauzé. ⟹ Clocher roman.

Ménigoute, 1,007 h., ch.-l. de c. de l'arrond. de Parthenay, sur la Vonne et la Valouse. ⟹ Jolie chapelle du XVIe s., servant de prétoire à la justice de paix; petite tour pentagonale.

Messé, 420 h., c. de Lezay. ⟶ Dolmen appelé la Pierre-Folle, long de 5 mèt. — Tour de la Roche-Elie, donjon carré du xv° s.

Missais, 761 h., c. d'Argenton-Château.

Missé, 655 h., c. de Thouars.

Moncoutant. 2.635 h., ch.-l. de c. de l'arrond. de Parthenay.

Montalembert, 805 h., c. de Sauzé.

Montigné, 388 h., c. de Celles.

Montigny. 645 h., c. de Cerizay.

Montravers, 475 h., c. de Cerizay.

Mothe-Saint-Héraye (La), 2,470 h., ch.-l. de c. de l'arrond. de Melle, sur la Sèvre-Niortaise. ⟶ Église du xv° s. — Pavillons et orangerie, restes d'un château rebâti sous Louis XIII. — A Ville-Dieu, château de la fin du xvi° s. et beau dolmen de 5 mètres de longueur, précédé d'une avenue de petites pierres levées. — Autres monuments mégalithiques dans un bois. — A 2 kil. S.-O., charmant vallon de Chambrille.

Mougon, 1,577 h., c. de Celles.

Moulins, 723 h., c. de Bressuire.

Moutiers, 1,054 h., c. d'Argenton-Château.

Moutiers - sous - Chantemerle, 1,292 h., c. de Moncoutant. ⟶ Tour de Picadoret, cylindrique d'un côté, rectangulaire de l'autre (xv° s.), reste d'un château féodal. — Chapelle moderne de Chantemerle, ornée de bas-reliefs.

Nanteuil, 1,203 h., 2° c. de Saint-Maixent. ⟶ Plusieurs dolmens et demi-dolmens.

Néomaye (Sainte-), 829 h., 2° c. de Saint-Maixent. ⟶ Source abondante.

Neuvy-Bouin, 900 h., c. de Secondigny.

Niort, 22.254 h., ch.-l. du dép., sur la Sèvre-Niortaise. ⟶ L'église *Notre-Dame*, bâtie de 1491 à 1534, a été de nos jours l'objet d'une importante restauration ; sur le portail nord, aujourd'hui condamné, balustrade à jour dont les meneaux forment cette inscription : *O Mater Dei, memento mei* ; beau clocher (1520), dont la flèche en pierre, le monument le plus élevé du département (75 mèt.), est ornée de crochets, de lucarnes et de frontons simulés. A l'intérieur : belle verrière de 1615 ; tableau de l'*Adoration des Mages*, par l'un des Boullongne; tombeaux des Beaudéan - Parabère (fin du xvii° s.) et de l'abbé Taury; tribune richement sculptée dans le style de la Renaissance. — Saint-

Église Notre-Dame, à Niort.

André: abside du xv° s.; le reste a été reconstruit de 1858 à 1875 sur de vastes proportions, dans le style du xiii° s.; les deux tours qui flanquent le portail atteignent, avec leurs flèches, 70 mèt. d'élévation. A l'intérieur : jolie chapelle des fonts baptismaux (petite verrière, par Lobin, de Tours); fresque, par Louis Germain (le Christ au jardin des Oliviers); verrière absidale représentant le Martyre de saint André. — Sur la *place de la Brèche* (jardin public), *église Saint-Hilaire*, bâtie de 1862 à 1865, dans un style mixte ; peintures murales (la Résurrection de Lazare et la Délivrance de saint Pierre, par Louis Germain). — *Temple protestant*, ancienne église des Cordeliers.

Le *Donjon*, seul reste de l'ancien château, passe pour avoir été élevé vers 1183 (pourtant on le trouve cité en 1141) par Richard Cœur-de-Lion, roi d'Angleterre, le plus habile constructeur de forteresses de son temps. De style moitié roman, moitié gothique, il se compose d'un corps de logis rectangulaire reliant deux grosses tours carrées flanquées de tourelles aux angles. — Ancien *hôtel de ville*, improprement appelé *palais d'Aliénor*, construit probablement de 1520 à 1530 par l'architecte Berthomé ; il est flanqué de tours rondes aux quatre angles et couronné de mâchicoulis ; beffroi. — La *préfecture* date de 1828. — Belles *halles* en fer. — Vaste *lycée*. — Vastes *quartiers de cavalerie*. — *Hôtel de Candie*, maison gothique (xvie s.), où est née, en 1635, Mme de Maintenon pendant que son père, François d'Aubigné, était détenu au Donjon. — *Hospice* : chapelle ornée de peintures murales de M. Louis Germain.

Le *musée* occupe l'ancien couvent des Oratoriens. La collection d'antiquités comprend : de magnifiques colonnes milliaires trouvées dans l'arrondissement de Melle ; des pierres tombales de l'époque mérovingienne ; des tombeaux du moyen âge ; un grand nombre de fragments sculptés, de statuettes, de bas-reliefs, etc. Au 1er étage, musée d'histoire naturelle (importante collection géologique), collection de vases celtiques trouvés dans une des tombelles de Bougon, poteries antiques, tapisseries anciennes, curieuses boiseries peintes du xvie s. (83 panneaux), provenant du château de la Mothe-Saint-Héraye et représentant des scènes tirées de l'Ancien Testament. La galerie de peinture, au 2e étage, possède près de 200 toiles (Simon Vouet, P. Mignard, L. Boullongne, Parrocel, L. Carrache, le Guide, Bon Boullongne, Boucher) et un certain nombre de fac-similés de dessins des grands maîtres dont les originaux se voient au musée du Louvre. Les toiles les plus remarquables sont : *Le marquis d'Artagniette*, par Grimou (1720) ; *La princesse Palatine*, par Rigaud ; *Marie Leczinska*, par Tocqué ; un *Paysage*, par Conrad Decker ; *Nature Morte*, par Jean Steen ; *Tête de Vierge*, par Sasso Ferrato ; *Une petite princesse*, par P. Mignard ; *L'Abbé Maury*, par Bernard d'Agescy. — La *bibliothèque* (30,000 volumes) est installée dans l'ancienne église des Oratoriens. — Sur la place de Strasbourg, *monument* (pyramide surmontée du groupe de Mercié : *Gloria Victis*), élevé en 1881 à la mémoire des gardes mobiles du département tués pendant la guerre. — Sur la place du Donjon, *buste* en bronze de l'ancien ministre Ricard (1880), accosté de deux Renommées en marbre blanc.

Noirlieu, 442 h., c. de Bressuire.

Noirterre, 1,148 h., c. de Bressuire.

Noizé, 202 h., c. de Thouars. →
Deux menhirs.

Nueil-sous-les-Aubiers, 2,229 h., c. de Châtillon.

Oroux, 305 h., c. de Thénezay.

Ouenne (Sainte-), 717 h., c. de Champdeniers. → Église romane.

Oyron, 877 h., c. de Thouars. → Église Saint-Maurice, de la Renaissance, commencée en 1518, consacrée en 1552 ; deux admirables chapelles latérales, dont les sculptures sont malheureusement très mutilées ; magnifiques tombeaux en marbre, avec statues couchées, statuettes et sculptures, de Claude Gouffier, grand-écuyer de France, et de sa femme, Philippe de Montmorency, de l'amiral Bonnivet et de son frère Artus Gouffier ; reptile suspendu à la muraille comme ex-voto. — Beau château de la Renaissance, construit partie au commencement, partie à la fin du xvie s. ; galerie voûtée ; deux tours ; pavillons ; devises ; médaillons sculptés représentant Mahomet au milieu des douze Césars ; salle des gardes, longue de 27 mèt., avec peintures allégoriques au plafond ; chambre du Roi et cabinet des Muses, ornés de bonnes peintures mythologiques ; chambre de Mme de

Montespan, dont le fils légitime, le duc d'Antin, posséda le château.

Paizay-de-Chapt, 587 h., c. de Brioux.

Paizay-le-Tort, 685 h., c. de Melle. ⇒ Tour de Melzéard, reste d'un château de 1419. A côté, chapelle du xv° s. (curieuses sculptures).

Pamplie, 654 h., c. de Champ-deniers.

Pamproux, 2,176 h., c. de la Mothe.

⇒ Clocher roman remarquable. — Magnifique source de Chez-Poupot. — A 1 kil., caverne de la Roche-Ruffin, renfermant un lac souterrain et d'où sort, après de fortes pluies, un torrent impétueux.

Pardoux (Saint-), 2,255 h., c. de Mazières.

Parthenay, 6,505 h., ch.-l. d'arrond., au confluent du Thouet et du Palais. ⇒ *Église Saint-Laurent*, du xii° s.,

Porte Saint-Jacques, à Parthenay.

remaniée au xv° et agrandie de nos jours dans le style roman par M. Segretain, architecte; curieux chapiteaux représentant le Pèsement des âmes. Près de cette église, des fouilles ont mis à découvert un beau souterrain de 1444. — *Sainte-Croix*, du xii° s.; jolie abside; tour romane à deux étages; deux tombeaux du xiv° s. — *Notre-Dame-de-la-Couldre*, petite église romane ruinée, dont le portail n'a conservé que les trois magnifiques arcades du rez-de-chaussée. L'arcade centrale est une baie profonde à chapiteaux historiés, qui servait de porte principale; l'archivolte est formée de quatre voussures ornées de statues d'anges et de bienheureux dont quelques-uns portent des médaillons. Les arcades latérales, séparées de la porte par de grosses colonnes, reposent sur une corniche élégamment ornée et renfermaient chacune une statue équestre dont le cheval seul est en partie conservé. Dans le jardin qui occupe l'emplacement de l'église sont conservées de curieuses statues tombales du XII° s. représentant des comtes ou des princes. — *Église des Cordeliers* (XIII° s.), occupée par la gendarmerie. — *Portes Saint-Jacques* et *de l'Horloge* (XV° s.), flanquées chacune de deux belles tours elliptiques. Le timbre de l'horloge date de 1454. — Trois tours (XII° s.), restes du château. Une de ces tours sert de poudrière. — Maisons des XV° et XVI° s. en bois sculpté.

Église de Parthenay-le-Vieux (XII° s.), longue de 44 mèt., haute sous voûte de 15. La partie inférieure de la façade comprend une porte centrale, de proportions élégantes, et deux arcades latérales dont les tympans renferment, à gauche une statue équestre, à droite Samson monté sur un lion. Clocher octogonal. Débris d'un cloître.

Pas-de-Jeu, 595 h., c. de Thouars.
Paul-en-Gâtine (Saint-), 1,247 h., c. de Moncoutant.
Périgné, 1,590 h., c. de Brioux.
Pers, 155 h., c. de Sauzé. ⟶ Lanterne des morts du XII° s.
Petite-Boissière (La), 584 h., c. de Châtillon.
Peyratte (La), 1,240 h., c. de Thénezay. ⟶ Croix de cimetière du XII° s.
Pezenne (Sainte-), 1,688 h., 1⁽ᵉʳ⁾ c. de Niort. ⟶ Église romane.
Pierre-à-Champ (Saint-), 526 h., c. d'Argenton-Château.
Pierre-des-Échaubrognes (Saint-), 1,214 h., c. de Châtillon. ⟶ Restes de l'église romane de Saint-Hilaire.
Pierrefitte, 598 h., c. de St-Varent.
Pin (Le), 1,174 h., c. de Cerizay. ⟶ Curieuse église romane; nef du XI° s. ornée d'arcatures hautes à l'extérieur et d'arcatures basses à l'intérieur; transsept et chœur du XII° s. Cette église a été restaurée de nos jours et dotée d'un joli clocher en rapport avec son style.
Pioussay, 913 h., c. de Chef-Boutonne. ⟶ Tour de Joué, du XV° s., garnie de mâchicoulis.
Pliboux, 706 h., c. de Sauzé.

Pompain (Saint-), 1,121 h., c. de Coulonges. ⟶ Château du XVI° s. — Église des XII° et XV° s., agrandie en 1875.
Pompaire, 570 h., c. de Parthenay.
Porchaire (Saint-), 1,001 h., c. de Bressuire.
Pouffond, 481 h., c. de Melle. ⟶ Château de Bonneuil; donjon du XV° s.
Pougne-Hérisson, 640 h., c. de Secondigny. ⟶ Pierre branlante appelée la *Merveille de Hérisson*, de 16 mèt. de circuit.
Prahecq, 1,082 h., ch.-l. de c. de l'arrond. de Niort. ⟶ Fosse-de-Paix, puits qui vomit des torrents d'eau en hiver.
Prailles, 1,314 h., c. de Celles.
Pressigny, 498 h., c. de Thénezay.
Priaires, 290 h., c. de Mauzé.
Prissé-le-Grand, 389 h., c. de Beauvoir.
Prissé-le-Petit, 218 h., c. de Beauvoir. ⟶ Deux tombelles.
Pugny, 403 h., c. de Moncoutant.
Puihardy, 95 h., c. de Coulonges.
Puy-Saint-Bonnet (Le), 758 h., c. de Châtillon.
Radegonde (Sainte-), 458 h., c. de Thouars.
Remy (Saint-), 509 h., 1⁽ᵉʳ⁾ c. de Niort. ⟶ Église; abside romane.
Revétison (La), 253 h., c. de Beauvoir.
Rigné, 306 h., c. de Thouars.
Rochénard (La), 649 h., c. de Mauzé.
Rom, 1,880 h., c. de Lezay. ⟶ Ancienne station romaine de *Rauranum*, d'où rayonnent plusieurs grandes voies dont il reste des débris. — Souterrain-refuge à la Roche-Goupilleau.
Romans, 893 h., 2° c. de Saint-Maixent.
Romans-des-Champs (Saint-), 281 h., c. de Prahecq.
Romans-lès-Melle (Saint-), 801 h., c. de Melle. ⟶ Église romane.
Ronde (La), 843 h., c. de Cerizay.
Rorthais, 434 h., c. de Châtillon.
Rouvre, 280 h., c. de Champdeniers.
Saivre, 1,628 h., 1⁽ᵉʳ⁾ c. de Saint-Maixent. ⟶ Église du XII° s.
Salles, 624 h., c. de la Motte. ⟶ Belle source de Fontgrive.
Sansais, 919 h., c. de Frontenay.

Sainte-Chapelle et château de Thouars.

Sanzay, 463 h., c. d'Argenton-Château.
Saurais, 336 h., c. de Thénezay.
Sauveur (Saint-), 590 h., c. de Bressuire.
Sauzé-Vaussais, 1,769 h., ch.-l. de c. de l'arrond. de Melle. ⟶ A Vaussais, église romane dont il reste le transsept et le chœur; trois belles fenêtres au mur du chevet.
Sciecq, 284 h., 1er c. de Niort. ⟶ Église romane.
Scillé, 769 h., c. de Coulonges.
Secondigné, 1.015 h., c. de Brioux.
Secondigny, 2.355 h., ch.-l. de c. de l'arrond. de Parthenay, sur le Thouet naissant. ⟶ Église du XIIe s.; bas-côtés voûtés en quart de cercle; belle porte latérale: chœur de la fin du XIIe s.; bas-reliefs sur les clefs de voûte; curieux chapiteaux du XIe s.; tour octogonale sur un bras de la croix.
Séligné, 281 h., c. de Brioux.
Sepvret, 1,117 h., c. de Lezay.
Soline (Ste-), 1.058 h., c. de Lezay.
Sompt, 450 h., c. de Melle. ⟶ Jolies fontaines.
Souché, 1,209 h., 2e c. de Niort.
Soudan, 855 h., c. de la Mothe.
Soulièvres, 776 h., c. d'Airvault. ⟶ Beau château moderne.
Soutiers, 345 h., c. de Mazières.
Souvigné, 1.455 h., 2e c. de Saint-Maixent.
Surin, 995 h., c. de Champdeniers.
Symphorien (Saint-), 1,107 h., c. de Frontenay. ⟶ Église : curieux chapiteaux romans.
Taizé, 625 h., c. de Thouars. ⟶ Près de la butte de Montcoué, groupe de quatre dolmens, dont le plus grand a 6 mèt. 30 c. de longueur sur 4 mèt. 50 c. de largeur. — Autre dolmen sur les bords du Thouet. — Demi-dolmen.
Tallud (Le), 787 h., c. de Parthenay.
Temple (Le), 346 h., c. de Châtillon.
Terves, 1,516 h., c. de Bressuire.
Tessonnière, 779 h., c. de St-Loup.
Thénezay, 2,375 h., ch.-l. de c. de l'arrond. de Parthenay.
Thorigné, 1,033 h., c. de Celles.
Thorigny, 146 h., c. de Beauvoir.
Thouars, 3.533 h., ch.-l. de c. de l'arrond. de Bressuire, sur une colline dominant le Thouet. ⟶ *Église Saint-Laon*, bâtie au XIIe s., considérablement remaniée au XVe s. et à l'époque moderne; belle tour carrée, avec deux étages de fenêtres romanes ornées de colonnettes. — *Église Saint-Médard*, bâtie au XVe s.; nef unique, haute de 20 mèt. sous voûte; chœur carré, avec belle fenêtre à meneaux; grande chapelle bâtie en 1510, par Gabrielle de Bourbon. De l'église primitive, bâtie au XIIe s., il reste une magnifique porte latérale, d'un aspect saisissant. Elle est en ogive et entourée de quatre voussures, dont la première présente des palmettes, la seconde des hommes tenant des palmes, la troisième des anges et la quatrième des personnages entourant le Père Éternel armé de ses foudres; au-dessus de l'arc, huit grandes statues de chérubins, romanes, surmontées d'une rose et d'un fronton gothiques. — *Tour du Prince-de-Galles*, débris des fortifications. — *Porte-au-Prévôt*, beau donjon accompagné de deux autres tours. — Curieuse maison du XVe s., appelée l'*hôtel du Président*. — Sur les rochers qui dominent le Thouet, magnifique *château*, bâti sous Louis XIII par Marie de la Tour, long de 120 mèt. et converti en maison de détention (630 détenus); escaliers gigantesques faisant communiquer entre elles des terrasses superposées; bel escalier intérieur avec balustres de marbre jaspé; vastes cuisines; salles immenses. — La *Sainte-Chapelle*, attenante au château, est un petit chef-d'œuvre des styles ogival et de la Renaissance, élevé par Gabrielle de Bourbon, femme de Louis II de la Trémouille; jolie porte ornée de pinacles, de niches et de statuettes; caveau sépulcral; clefs pendantes dans la chapelle seigneuriale. — Vieux *pont* gothique. — Remarquable *pont suspendu*, long de 80 mèt., élevé de 27 mèt. au-dessus du Thouet.
Tillou, 732 h., c. de Chef-Boutonne.
Tourtenay, 484 h., c. de Thouars. ⟶ Petite église de Saint-Fort, en partie du VIIIe s.; curieux appareils d'ornement sur le fronton de la façade.
Traye, 194 h., c. de Moncoutant. ⟶ A l'église, nombreuses pierres tombales.

DICTIONNAIRE DES COMMUNES.

Ulcot, 97 h., c. d'Argenton-Château.
Usseau, 1,132 h., c. de Mauzé.
Vallans, 654 h., c. de Frontenay.
Vançais, 709 h., c. de Lezay.
Vanneau (Le), 1,085 h., c. de Frontenay.
Vanzay, 356 h., c. de Lezay.
Varent (Saint-), 1,899 h., ch.-l. de c. de l'arrond. de Bressuire.
Vasles, 2,916 h., c. de Ménigoute.
Vausseroux, 658 h., c. de Ménigoute.
Vautebis, 984 h., c. de Ménigoute.
Verge (Sainte-), 720 h., c. de Thouars.
Vernoux, 1,544 h., c. de Secondigny.
Vernoux-sur-Boutonne, 557 h., c. de Brioux.
Verrines, 1,514 h., c. de Celles. ⟶ Église romane; la nef est détruite; sur la coupole, à l'entrée du chœur, jolie tour carrée ; à l'intérieur, chapiteaux richement sculptés dont quelques-uns représentent des scènes allégoriques.
Verruyes, 1,838 h., c. de Mazières.

⟶ Église du XII° s.; jolie chapelle du XV° s.
Vert (Le), 517 h., c. de Brioux.
Viennay, 502 h., c. de Parthenay.
Villefollet, 501 h., c. de Brioux.
Villemain, 470 h., c. de Chef-Boutonne.
Villiers-en-Bois, 206 h., c. de Brioux.
Villiers-en-Plaine, 1,231 h., c. de Coulonges.
Villiers-sur-Chizé, 522 h., c. de Brioux. ⟶ Ruines d'une jolie église romane.
Vincent-la-Châtre (Saint-), 978 h., c. de Melle.
Vitré, 625 h., c. de Celles.
Vouhé, 736 h., c. de Mazières.
Vouillé, 1,681 h., c. de Prahecq. ⟶ Église à portail roman. — Beau château de la Salmondière.
Voultegon, 585 h., c. d'Argenton-Château. ⟶ Mur N. de l'église en petit appareil.
Xaintray, 500 h., c. de Champdeniers.

---

11 424 — Imprimerie A. Lahure, rue de Fleurus, 9, à Paris.

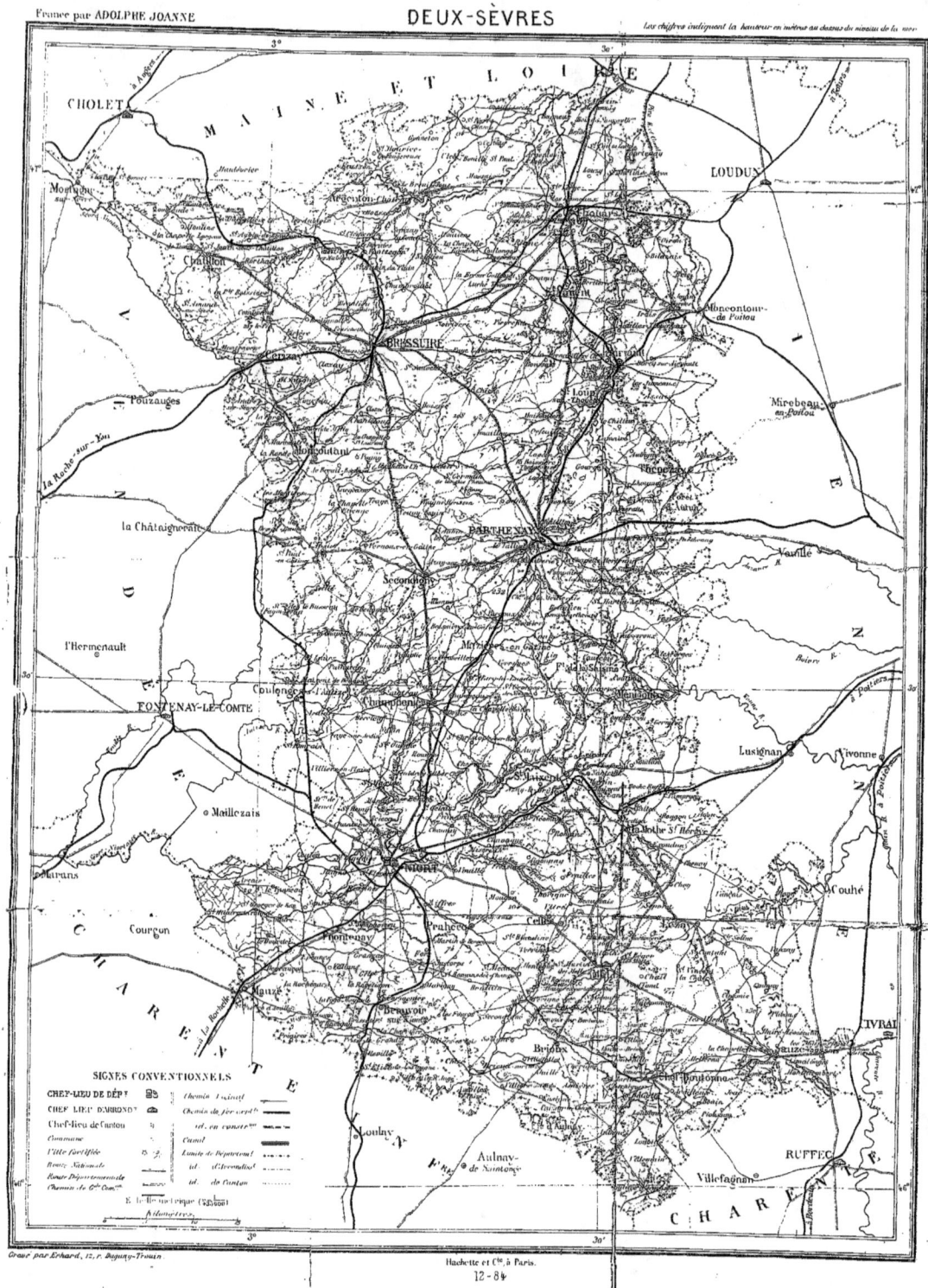

A LA MÊME LIBRAIRIE

GUIDES-JOANNE

GUIDES FORMAT IN-16

De la Loire à la Gironde (Poitou et Saintonge), par *P. Joanne* (5 cartes et 5 plans) . . . . 7 fr. 50
De Paris à Bordeaux, par *P. Joanne* (95 gravures, 1 carte et 4 plans) . . . . 4 fr. 50
Gascogne et Languedoc, par *P. Joanne* (1 carte et 2 plans) . 7 fr. 50
Guide du Voyageur en France, par *Richard* (2 cartes et 8 plans) . . . . 12 fr. »
La Loire, par *P. Joanne* (2 cartes et 5 plans) . . . . 7 fr. 50
Les Bains d'Europe, par *Ad. Joanne* et le Dr *A. Le Pileur* (1 carte) . . . . 12 fr. »

GUIDES-DIAMANT FORMAT IN-32

Bordeaux, Arcachon, Royan et Soulac-les-Bains, par *P. Joanne* (21 gravures, 2 cartes et 1 plan) . . . . 2 fr. »
France, par *P. Joanne* (2 cartes) . . . . 6 fr. »

IMPRIMERIE A. LAHURE, 9, RUE DE FLEURUS, A PARIS

www.ingramcontent.com/pod-product-compliance
Lightning Source LLC
LaVergne TN
LVHW022143080426
835511LV00007B/1235